TU
ÉXITO
ES
INEVITABLE

MAÏTÉ ISSA

TU ÉXITO ES INEVITABLE

MANIFIESTA
LO QUE DESEAS Y MERECES
EN TODAS LAS ÁREAS
DE TU VIDA

Grijalbo

Primera edición: junio de 2022
Quinta reimpresión: junio de 2023

© 2022, Maïté Issa
© 2022, Penguin Random House Grupo Editorial, S. A. U.
Travessera de Gràcia, 47-49. 08021 Barcelona
© 2022, Ramon Lanza, por las ilustraciones del interior

Printed in Spain – Impreso en España

ISBN: 978-84-253-6237-8
Depósito legal: B-5.504-2022

Compuesto en Pleca Digital, S. L. U.

Impreso en Gómez Aparicio, S. L.
Casarrubuelos (Madrid)

GR 6 2 3 7 8

A mis alumnas, pasadas, presentes y futuras.
Gracias por hacer del mundo un lugar más bello
con cada sueño cumplido.

ÍNDICE

INTRODUCCIÓN

Sé quién eres.

Te fascina la idea de que podemos crear conjuntamente nuestra realidad con el Universo.

Una vocecita en tu cabeza te dice «¡Sí, es posible! Sé que estoy destinada a más y lo puedo lograr».

Diste «me gusta» a incontables publicaciones en las redes sociales que afirman «El Universo es abundante», «Si lo puedo soñar, lo puedo crear», «Atraigo lo que vibro»...

Has intentado pensar en positivo y agradecer lo que tienes.

Sin embargo, al no ver los cambios deseados, tu mente racional ha vuelto a tomar el mando y decreta: «No funciona. Eso son chorradas. Lo único que da resultado es trabajar duro». O peor: «Lo que quiero no es para mí. Debería abandonar. No estoy hecha para tener el éxito que deseo».

Pero, a pesar de todo, estás aquí.

Porque en el fondo sigues creyendo.

Quieres creer que puedes manifestar tus deseos.

Quieres creer que el Universo es abundante y que eres capaz de crear la vida que tanto anhelas.

Pero no sabes cómo.

Sientes que algo no te convence.

Sientes que algo falta.

Te lo digo desde ahora: tienes razón, algo falta.

Manifestar es mucho más que sentarse en el sofá, visualizar un millón de euros y esperar a que suceda la magia. Es mucho más que expresar gratitud durante tres minutos antes de ir a dormir pensando que cuando te despiertes tus problemas habrán desaparecido.

Tampoco tiene que ver con pensar en positivo y sentirte bien las veinticuatro horas del día para «vibrar alto» y así aprovechar la ley de la atracción.

Yo también creía que era así. Y lo único que conseguía era culparme por no ser bastante optimista y hundirme más aún en los días de bajón, «porque eso quiere decir que no lo estoy haciendo bien».

Aquí y ahora puedes dejar la lucha.

Respira.

Estás en el lugar correcto.

Aquí es donde se detiene tu camino de no conseguir los resultados que deseas y empiezas a crear m-a-g-i-a en todas las facetas de tu vida.

Manifestar tus deseos más grandes es mucho más fácil de lo que crees, si sabes cómo.

Antes de seguir, pongamos las bases.

¿QUÉ ES MANIFESTAR?

Manifestar es el proceso a través del cual hacemos tangible algo que solo existe en nuestra imaginación. El fenómeno que nos permite hacer visible lo invisible.

Absolutamente todo dio comienzo a partir de una idea. Los

inventos más revolucionarios, el libro que tienes en las manos, la ropa que te pones cada mañana. Todo existió en lo invisible antes de hacerse visible.

Muchas veces llegan a mis programas mujeres diciendo «no se me da bien manifestar» o «no soy buena manifestadora».

Déjame decirte que todas nosotras sabemos manifestar. Manifestamos nuestra realidad las veinticuatro horas del día.

Nuestra vida entera es una cocreación que hilamos con el Universo.

El problema radica en que la mayoría de las veces, sin darnos cuenta siquiera, somos expertas en manifestar lo que no deseamos. Y encima no sabemos cómo invertir esa tendencia. Nos quedamos presas de una vida en la que todo se nos hace cuesta arriba. Una vida que parece que vivimos para todos menos para nosotras mismas.

La clave para salir de este bucle está en manifestar la vida que queremos de manera más consciente.

¿QUÉ ES LA MANIFESTACIÓN CONSCIENTE?

Se trata de aprender a dejar de manifestar lo que NO quieres y empezar a manifestar lo que SÍ quieres. Manifestar es el arte de poner a tu servicio las leyes de tu mente subconsciente y del Universo para así materializar tus sueños.

En definitiva, es usar nuestro don de cocreación con el Universo para crear nuestro propio paraíso en la Tierra. Contamos con una tecnología interna para crear milagros; ese es el mayor regalo que tenemos y, a la vez, la mayor responsabilidad. Hemos de saber ponerla a nuestro servicio. Cuando hayas dominado este arte, serás una Manifestadora Experta.

Es una mujer que tiene claro cómo usar la Manifestación Consciente para hacer realidad la vida que sueña.

Una mujer que sabe que su éxito es inevitable y actúa a pesar del miedo.

Tiene una confianza total en que el Universo conspira a su favor, incluso en los momentos en que parece lo contrario.

Conoce su verdadero poder y, por lo tanto, se acepta también en esos días en los que no se siente del todo empoderada o segura.

Sabe dar la vuelta a las situaciones más difíciles y girarlas a su favor.

A diario, pone su mente subconsciente a su servicio para crear el mejor resultado posible con el mínimo esfuerzo.

Entiende que sus sueños son sagrados y que, si tiene un deseo, es su destino cumplirlo.

Inspira a los demás a expandirse solo con su ejemplo de liderazgo, de éxito y de abundancia en todas las facetas de su existencia.

Vive una vida plena. Ha dejado de sacrificar su salud, su bienestar, su tiempo y su felicidad para conseguir el éxito.

Es consciente de que lo puede tener TODO.

Ha encontrado el equilibrio entre soltar y hacer, entre actuar y dejar el resultado en manos del Universo.

Sabe escuchar su intuición para tomar las mejores decisiones sin esperar la aprobación de los demás.

Reconoce la voz de su ego y ha puesto luz a sus mecanismos de autosabotaje para permitirse ser exitosa, desde dentro hacia fuera.

Nunca, nunca, nunca abandona. Sabe con certeza que las

cosas se darán en el momento perfecto en su mayor beneficio, y que toda espera significa que algo grande está por llegar.

Vive en su mente la realidad que desea manifestar antes siquiera de tener pruebas de que vaya a suceder en el plano físico. No busca ver para creer, sino que cree para ver.

Tiene la cabeza en las estrellas, los pies en la tierra y la mirada hacia el futuro.

Te empezarás a convertir en ella a lo largo de esta lectura.

¿QUÉ PUEDES ESPERAR DE ESTE LIBRO?

«Tu éxito es inevitable» no es tan solo una frase bonita para compartir en las redes.

Es un mantra mágico que hicieron suyo decenas de miles de mujeres en el mundo para crear lo que un día pensaban que era imposible.

Es una filosofía de vida, una realidad que siempre te acompañará y te permitirá superar cualquier obstáculo.

Es un sistema de manifestación poderoso, fácil de aplicar y adaptable a ti, para que ningún sueño sea demasiado grande o inalcanzable.

Tu éxito es inevitable es la vía para ser una Manifestadora Experta.

Mi propósito es que aprendas a usar la Manifestación Consciente para crear una vida más bella incluso que tus sueños más locos.

Este libro se ha inspirado en tres factores: una búsqueda insaciable, una obsesión por ayudarte a vivir en abundancia y la experiencia extraordinaria de trabajar con miles de mujeres que confían en mí cada día.

Al aplicar lo que vas a leer en estas páginas, pasé de no poder pagar el alquiler de mi casa a manifestar más de un millón de euros viviendo de mi pasión, un año y medio después y multiplicar aún más ese número el año siguiente, y el siguiente. Pasé de no saber cuál era el sentido de mi vida a encontrar mi propósito y ayudar a miles de mujeres, en más de treinta países, a hacer realidad la vida que soñaban. Pasé de tener relaciones de pareja tóxicas a conocer al hombre de mi vida, vivir en la casa de mis sueños, tener el grupo de amigas que siempre había anhelado, salir en medios internacionales y hasta manifestar el libro que tienes en las manos.

Todo lo que encontrarás en él no es una repetición de cursos ni de otros libros. Nace de lo que he vivido, experimentado, estudiado y probado en mí antes de enseñárselo a miles de mujeres.

Tengo que confesarte algo: estoy obsesionada con la manifestación.

Todo lo que se ha dicho al respecto, lo he testado, clasificado, comprobado, mejorado o descartado. Y por eso precisamente este libro constituye un atajo directo a lo más eficiente. Porque he invertido tiempo de mi vida probando todos los caminos para que tú puedas ganar ese tiempo y aprovecharlo.

Por supuesto, nada de esto es magia. Para lograr tus objetivos, será necesario que tengas foco, dedicación y constancia. Nadie hará el trabajo por ti.

Pero, eso sí, a partir de ahora ya no tendrás que caminar a ciegas.

Te advierto que es muy probable que te obsesiones tú también.

Ya lo verás: la manifestación no es un concepto, es un estilo de vida que tendrás la oportunidad de adoptar para cambiar tu realidad para siempre.

¿Por qué dedico cada día de mi vida a aprender y a enseñar todo de la manifestación?

Porque creo firmemente que cada mujer del planeta tiene el DERECHO y el DEBER de cumplir todos sus sueños.

Nos convencieron de que querer más es propio de las mujeres malas y, en cambio, conformarse con lo que hay, de las buenas.

Pero déjame preguntarte una cosa:

¿A quién le sirves cuando vives frustrada con tu vida?

¿A quién ayudas cuando no tienes bastante ni para ti misma?

¿Qué ejemplo das a las demás mujeres cuando no te atreves a enseñar tu grandeza?

La verdad es que, cuando sanas tú, todo el inconsciente femenino sana, y el planeta con él.

Si tu intuición te ha guiado hasta aquí, no es solo para ti.

Tu éxito da permiso a otras mujeres para tener éxito.

Tu felicidad da permiso a otras mujeres para ser felices.

Tu abundancia da permiso a otras mujeres para manifestar la suya.

Todo lo que eres inspira.

Todo lo que eres mueve.

Todo lo que eres... es magia.

No hay nada que no puedas ser, hacer o tener.

No me importa las veces que lo hayas intentado.

No me importa las veces que hayas fracasado.

No me importa lo que te dijeron en el pasado ni las cosas horribles que te dices a ti misma.

Todo lo que deseas lo puedes manifestar.

Todo lo que buscas te está buscando a ti también.

Y en estas páginas encontrarás un método para conseguirlo.

Lo mejor de todo es que solo por leer este libro ya estás creando un cambio de paradigma en ti. Cuando lo termines, tendrás tus creencias revolucionadas, la mente alineada con la abundancia y, además, dispondrás de un paso a paso claro, sencillo y aplicable para lograr lo que antes te parecía un imposible.

A lo largo de estas páginas empezarás a liberarte del miedo al juicio, de tu obsesión por compararte y de tu terror al fracaso.

Sabrás por qué te estancaste en la inacción y cómo comprometerte de verdad con tus sueños.

Entenderás lo que te impidió atraer más dinero y cómo convertirte en un imán para la riqueza.

Descubrirás cómo poner tus emociones a tu servicio para dar un salto cuántico hacia el éxito.

No estarás sola. Yo te guiaré en cada paso.

¿CÓMO SACARLE EL MAYOR PROVECHO A *TU ÉXITO ES INEVITABLE*?

Este libro te dará lo que tú le permitas que te dé.

Como ocurre con todo, la responsabilidad es tuya.

Tú decides si leerlo a medias mientras chateas por WhatsApp o te vuelcas en cada una de sus páginas con la máxima concentración.

Tú decides si saltarte los ejercicios de cada capítulo o hacerlos cuando yo te lo indique.

Tú decides si pruebas de verdad cada concepto o lo descartas porque no encaja con tu visión del mundo.

Es tu vida; por lo tanto, serán tus resultados.

Yo no voy a estar contigo en casa para asegurarme de que lo haces todo.

Lo que sí está en mi mano es ayudarte a evitar los mayores saboteadores que encuentro en las mujeres que quieren evolucionar en su vida.

Aquí van mis consejos:

1. Suelta el «YA LO SÉ»

Esas son las tres palabras más peligrosas del mundo. Te pueden costar, nada menos, que la vida de tus sueños.

Hay un mundo entre haber leído o escuchado algo y saberlo.

«Saber» quiere decir «vivirlo».

Si aún no vives los resultados que quieres en tu vida, es que aún no sabes. Aún te queda por aprender.

Una de las mejores aliadas en mi camino siempre ha sido y será la mente de principiante.

Empiezo cada formación, cada libro, cada proceso como si no supiera nada. Como si descubriera todo por primera vez.

Adopté esta filosofía tras escuchar el siguiente cuento zen, fue entonces cuando mi cerebro hizo el clic:

Una profesora de universidad muy exitosa, a pesar de tenerlo todo en la vida, sentía un gran vacío que nada parecía colmar. A lo largo de los años había probado meditar, cuidar su mente, ir a terapia e incluso se había puesto a pintar. Por desgracia, nada parecía funcionar. Después de poco tiempo de mejora, el vacío siempre regresaba.

Hasta que un día decidió tomar medidas más drásticas e irse unos meses de viaje iniciático al Tíbet. Estaba decidida a darle sentido a su vida a toda costa.

Después de un largo recorrido durante el cual no dejó de preguntarse si estaba haciendo lo correcto, llegó a un templo budista.

Al poco de llegar, un monje salió a recibirla y le propuso compartir un té.

La profesora aceptó con felicidad y, nada más sentarse, empezó a contarle al monje todo lo que había hecho en su vida. Le habló de las diferentes terapias y técnicas de sanación que había seguido, los retiros a los que había acudido, las mejoras que había conseguido y los bajones que vinieron después. Le contó sus logros como profesora y el respeto que se había ganado en el mundo universitario.

El monje escuchaba en silencio y vertía té en la taza de la mujer.

Ella seguía contando con entusiasmo todo lo que había aprendido acerca de la espiritualidad, las tomas de conciencia que había experimentado y lo que había entendido sobre el verdadero sentido de la vida.

El monje, siempre callado, seguía vertiendo el té lentamente, hasta que el líquido empezó a derramarse sobre la mesa y a caer en los pies de la profesora, que se calló al instante y luego exclamó

—Pero ¿qué hace? ¿No ve que la taza está llena? ¡Ya no hay espacio para más!

Con una sonrisa en los ojos, el monje respondió:

—Exacto. Al igual que la taza, tú estás llena de tus opiniones y verdades. ¿Qué puedes aprender de nuevo, sin vaciarte primero?

Si quieres crear un cambio de verdad, debes crear espacio para lo nuevo.

Ponte la mano en el corazón y repite en voz alta: «Suelto el "ya lo sé". Abro mi mente de principiante».

Date la oportunidad de verlo todo con nuevos ojos y de preguntarte: ¿qué estoy descubriendo aquí que no había visto antes?

Comprobarás que este simple cambio hace maravillas.

Al final de cada capítulo he creado un apartado de ejercicios para que puedas anclar todos los conceptos que has leído y convertirlos en algo concreto, real y tangible en tu vida cotidiana.

Hazlos. Cómprate una libreta bonita, si eso te motiva. Numerosos estudios* demuestran que escribir a mano activa los centros del cerebro relacionados con el aprendizaje de un modo más intenso que hacerlo en un teclado, permitiendo mejorar la memoria y crear una programación más profunda de nuevas ideas.

La magia se potencia por cien cuando aplicas en ti los conceptos que lees.

Al final del libro compartiré contigo el sistema de manifestación Tu éxito es inevitable. La tentación de ir directamente al final puede ser grande, por las prisas o la sensación de que «el resto ya lo sé». No lo hagas. Sería cómo decidir dar la vuelta al mundo evitando todos los países de la ruta para viajar directamente al último. De hacerlo así, no descubrirías gran cosa, ¿verdad?

Déjate guiar y disfruta.

2. Suelta la mente escéptica

No me malinterpretes, tener una mente crítica es muy importante. De verdad que te invito a que te lo cuestiones todo.

Sin embargo, al estudiar los hábitos de la gente exitosa y feliz me he dado cuenta de que la gente no crea la vida de sus sueños

---

* <https://neurosciencenews.com/hand-writing-brain-activity-18069/>.

pidiendo pruebas científicas que les demuestren que eso es posible.

Si esperas que la ciencia corrobore todo lo que avanza la espiritualidad, puede que te quedes esperando toda tu vida.

La palabra «pseudociencia» se usa como un insulto para deslegitimar enseñanzas espirituales que se apoyan en conceptos científicos o psicológicos que aún no son unánimes. Sin embargo, debemos reconocer que las tradiciones espirituales promulgan desde hace milenios lo que la ciencia apenas empieza a admitir hoy.

Incluso un limitado conocimiento de la historia de los descubrimientos científicos nos revela que una infinidad de teorías declaradas como verdades absolutas fueron refutadas años o siglos después.

Hasta los años sesenta, según la neurociencia, nuestro cerebro no se podía reprogramar con la experiencia. Hoy, miles de estudios científicos han comprobado que la plasticidad cerebral es un hecho, y que estamos plenamente capacitadas para reescribir nuestros patrones, cambiar nuestras creencias y liberarnos de nuestros peores hábitos.

El fundamento de la teoría de la gravedad de Isaac Newton, considerado como el mayor genio de la historia de la física, fue desmantelado al cabo de cientos de años. Según su teoría, la gravedad actuaba como una fuerza a distancia, sin que hubiera contacto entre los objetos. Él mismo escribió en 1687: «Que un cuerpo pueda actuar sobre otro a distancia a través de un espacio vacío sin la mediación de nada más [...] es para mí de un absurdo tal, que creo que ningún hombre tiene en cuestiones filosóficas facultad plena para pensar en ello».

Con la aparición de la física cuántica, hoy sabemos que lo que percibimos como cuerpo y materia es solo una impresión en la estructura del espacio, que todo es energía, que no hay espacio vacío ya que todo está unido por el campo.

Hasta la teoría heliocéntrica de Copérnico, confirmada un siglo después por Galileo, el hombre pensaba que la Tierra era el centro del Universo y que el Sol giraba en torno a ella.

¿Qué más descubriremos en treinta, cuarenta, cincuenta o cien años?

Detrás de la ciencia hay hombres y mujeres, como tú y yo. Y, como todos los humanos, están en un proceso permanente de descubrimiento y evolución.

No sé tú, pero yo no voy a esperar a que la comunidad científica en pleno acepte la idea de que puedo crear la vida que quiero.

Sé tú la científica de tu vida. Investiga empíricamente en tu propia realidad. Pruébalo todo antes de descartar nada.

Yo misma decidí hacer un experimento de 365 días para darme la oportunidad de ver si la manifestación funcionaba de verdad. La mejor decisión de mi existencia.

En el peor de los casos, siempre podrás regresar al punto de inicio, a cuando llevabas tu vida sin hacer ningún cambio, ¿verdad? No tienes mucho que perder.

3. Suelta las razones por las que «a ti no te puede funcionar»

Si quieres convencerte de que lo que comparto en este libro vale para todas pero no para ti porque vives en X país, tienes X edad o vives X situación personal y laboral, seguro que lo conseguirás.

«Tanto si crees que puedes como si no, en los dos casos tienes razón», decía Henry Ford.

Aquí la cuestión es que puedes tener o bien tus excusas, o bien tus sueños.

No los dos.

No te conozco personalmente, pero te puedo decir que en los últimos años he acompañado a mujeres del mundo entero, de todas las edades y todos los niveles económicos. Algunas emprendedoras, otras funcionarias, otras sin empleo. Solteras, madres, casadas, abuelas.

Cualquiera que sea tu momento y tu situación vital, este libro te ayudará a dar un salto al siguiente nivel, a tu siguiente nivel, si se lo permites, claro.

¿Quiere decir esto que pasarás de estar endeudada a ser multimillonaria en tres semanas?

Por supuesto que no.

Pero si es tu deseo crear esta transformación, lo conseguirás, paso a paso, en el momento adecuado.

TODO es posible.

La verdad es que ya has dado un gran paso al elegir este libro.

Ahora te queda decidir cómo lo quieres leer.

Tienes tres opciones. Un poco como cuando eras estudiante y tenías tres formas de prepararte para un examen.

La primera es la reacia. La asignatura te parece una estupidez y consideras una pérdida de tiempo total dedicarle horas de tu vida. Estás convencida de que justo después del examen lo olvidarás todo y no te servirá para nada, por lo tanto ¿para qué esforzarte?

La segunda es la insegura. No sirve de nada que te centres en estudiar porque, de todos modos, no aprobarás. Lo sabes porque en el pasado ya tuviste malas notas en esa misma asignatura y te convenciste de que siempre sería así. Te pones a estudiar, pero lo haces con tantas dudas y tanta ansiedad que pierdes toda la confianza al no tener garantizada la mejor nota, y al poco tiempo abandonas.

La tercera es la ganadora. Estás aquí para darlo todo. Te entregas al cien por cien porque sabes que solo tú estás en disposición de crear tu destino y que, si quieres, puedes. Haces los ejercicios, compruebas los conceptos, vuelves a leer los párrafos que te parecen más reveladores. Disfrutas del proceso de aprender y te diviertes estudiando, porque no lo haces por lograr una buena nota. Lo haces por ti misma. Porque sientes que cuanto más aprendes, más creces, y que eso es el mayor regalo que te puedes hacer.

De estas tres formas de afrontar un examen, ¿cuál piensas que va a ser la que facilite obtener la mejor nota?

Obvio, la ganadora.

Solo que aquí no está en juego una «buena nota», ni hay ningún examen que aprobar. Nadie comprobará que lo has hecho de verdad.

La recompensa, en este caso, es la vida que te permites crear.

Es la abundancia que te permites disfrutar.

Son los sueños que te permites alcanzar.

Ten paciencia, todo llegará.

Ponte una mano en el corazón y prométete ahora no abandonarte nunca, nunca, nunca, nunca, nunca.

Empieza ya por cambiar la mentalidad de escasez que te dice «no me puede funcionar porque...» por «yo haré que funcione porque soy capaz, porque soy Manifestadora Experta».

4. No prestes atención a los que no te entienden

No vamos a ocultar lo obvio.

Habrá gente a tu alrededor que te dirá que todo lo que hay en este libro es una gran tontería, que la manifestación y la ley de la atracción son bobadas para gente crédula y de mente débil.

Déjame preguntarte algo: ¿qué tal le va la vida a esta gente? ¿Viven la vida que tú quieres vivir?

Ya. Eso pensaba.

Cuando comprendí que en la mayoría de los casos la respuesta era «no», me prometí dos cosas:

- No aceptar los consejos de personas que no viven la realidad que quiero manifestar.
- No aceptar las críticas de personas de las cuales no aceptaría consejos.

¿Sabes por qué los que han conseguido más que tú no te criticarán ni se burlarán de lo que quieres conseguir y de cómo quieres hacerlo?

La razón es simple: están demasiado centrados en cumplir sus propios sueños.

Saben que la energía dedicada a rebajar a otros es energía desperdiciada para nutrir sus objetivos. Saben todo el amor, el empeño y la dedicación que requiere crear un cambio de vida, y honran a cualquier persona que decida crecer.

A menudo me comentan: «Mis amigos dicen que la manifestación es una gran estupidez», o me preguntan: «Mis padres piensan que he caído en una secta. ¿Qué hago?».

En resumen: «¿Qué hago cuando la gente a mi alrededor no es como yo ni piensa igual que yo?».

Puede ser muy frustrante y despertar nuestros miedos a no encajar, lo sé.

Sin embargo, mi consejo es que no hagas nada.

Vive tu vida.

Manifiesta tus deseos.

Te preguntarán más tarde cómo lo has hecho. Sobre todo, no

intentes convencerlos (ya te habrás dado cuenta de que no te ha salido bien el intento).

Cuando descubrí este mundo mágico de la manifestación, quise desesperadamente convencer a todos los que me rodeaban de que era real.

Me frustraba y enfadaba que no se abrieran. Quería, más que nada en el mundo, que pudieran aplicarla para mejorar su vida.

Hasta que un día, después de muchos intentos y mucha frustración, una voz en mi cabeza me preguntó: «¿Por qué te importa tanto que crean lo mismo que tú?».

Al no encontrar la respuesta, llegó a mi otra pregunta enseguida:

«¿A quién intentas convencer de que la manifestación es real? ¿A ellos... o a ti misma?».

Ese día entendí que si me aferraba tanto a lo que ellos creían era porque yo misma no estaba segura de que fuera verdad.

Había leído libros, había estudiado, pero no la había vivido en mis propias carnes.

Esperaba con toda mi alma que fuera la verdad, pero necesitaba una validación externa.

No era a ellos a quienes intentaba convencer; era a mí misma.

Imagina que quieres aprender a montar en bici. Has leído absolutamente todo sobre cómo hacerlo. Sabes hasta el más mínimo detalle de cómo pedalear, mantener el equilibrio y avanzar. Pero nunca lo has hecho de verdad. Nunca has pedaleado tú misma.

Ahora quieres enseñarle a un amigo y le explicas todo con la máxima ilusión, y entonces te dice que eso son tonterías, que es imposible.

A pesar de decirle que sí es posible y que se lo puedes probar, ¿qué sientes, en el fondo? Como es lógico, dudas. No sabes quién tiene la razón, si él o tú.

En ese momento tienes dos opciones: o bien quedarte debatiendo meses y empezar una cruzada con tu libro para convencerlos a todos de que en teoría funciona, o bien usar tu tiempo y energía para montar directamente en bicicleta.

Elegir la segunda opción te libera. Imagina que te montas en la bicicleta, y arrancas. Sientes que el viento mueve tu cabello y el sol calienta tu cara. Ves el paisaje desfilar y te maravillas con la fuerza de tus piernas con cada golpe de pedal.

Vives la verdad. ¡Pues claro que se puede montar en bici!

Ya no se trata de conocimiento intelectual, sino de sabiduría. Lo sabes y punto. Nadie más en el mundo te podrá hacer dudar.

De repente te da igual si te dicen que es imposible porque estás demasiado ocupada disfrutando de tu bicicleta.

Como por arte de magia, la necesidad de convencer a toda costa desaparece porque ya te has convencido a ti misma.

El día en que tomé conciencia de esto, acepté que podía parecer una loca delante de mucha gente. Acepté ser la rara, ser diferente, no encajar, para crear algo más grande.

Poco después, al ver los resultados en mi vida, de repente todos querían saber cómo se montaba la puñetera bici.

No necesitas convencer a nadie.

Tu ejemplo lo hará por ti.

Céntrate en tu persona.

Confía.

¿CÓMO SE ORGANIZA ESTE LIBRO?

Cuando decidí escribir este libro, tenía claro qué estructura le daría. Cada capítulo rompería los bloqueos principales que nos frenan a las mujeres a la hora de querer manifestar nuestros sueños. Los elegí después de estudiar todas las dudas que mis alumnas y seguidoras tenían más a menudo y que me planteaban ya fuera por mensajes en las redes sociales o durante nuestras llamadas semanales.

Cuando empecé a leer libros sobre la manifestación y la ley de la atracción, eché en falta textos escritos por y para mujeres. No es que quiera discriminar, todo hombre que desee leer este libro es bienvenido, pero, al haber crecido en una sociedad patriarcal, nosotras tenemos creencias limitantes, miedos y complejos específicos que deben ser atendidos para que podamos manifestar al máximo nuestro potencial.

En cada capítulo desmontaremos esos bloqueos, y encontraremos la solución adecuada.

Al final de cada uno de ellos dispondrás de unos ejercicios diseñados para ayudarte a integrar todos y cada uno de los conceptos.

Además, no estoy sola. En los capítulos, una Manifestadora Experta, graduada de mis programas *Manifiéstalo* o *Eres un imán para el dinero*, compartirá su historia y un consejo contigo. Ellas son mujeres como tú y han querido unirse a mí para inspirarte y acompañarte en tu camino.

Porque no estás sola. Lo que es posible para una es posible para todas las demás.

Juntas, nos apoyamos y vamos a más.

Cuando acabes el libro, no lo dejes de lado ni lo olvides por completo.

Úsalo como una caja de herramientas, a mano cada vez que la necesites.

Déjalo en tu mesita de noche para volver a leer un párrafo en los días de dudas e irte a dormir con buena energía.

Subraya tus pasajes preferidos y anota cualquier idea que te venga a la mente durante la lectura. Si vieras mis libros... ¡están llenos de apuntes y colores!

Deja que viva y evolucione contigo. Cada vez que lo retomes, lo entenderás de forma más profunda y aprenderás más y más. Conseguirás un entendimiento y una toma de conciencia nuevos.

Porque tú misma serás otra.

1

Un capítulo pequeño pero imprescindible
para dejar de compararte con los demás

Tú, así como eres, eres suficiente.
No tienes que demostrarle nada a nadie.
Maya Angelou

Si te ayudara a crear la vida de tus sueños sin sanar la «comparacionitis», ¿de qué te serviría? Cualquier cosa que consiguieras tú, otra habría conseguido más. Otra será más joven, tendrá más experiencia, la piel más bonita, la pareja más simpática, la cuenta bancaria más llena y las amigas más maravillosas.

Si no empiezo por tratar la comparacionitis, es posible que incluso leas este libro por razones equivocadas.

Tu vida no será exitosa si la vives buscando la validación exterior.

Tu vida no será plena si mides el éxito en función de cuánta gente te alaba.

¿Por qué has elegido este libro?

Opción 1: ¿Para enseñarles a los que no creyeron en ti que se equivocaban, y que en realidad sí puedes?

Opción 2: ¿Para vivir una vida que te emocione a ti, llegar a la máxima expresión de ti, con tu camino único y tus dones personales?

De lo que respondas dependerá que tu camino al éxito sea:

Opción 1: Una carrera agotadora y eterna hacia la aprobación exterior.

Opción 2: Un camino gozoso de milagros, satisfacción y abundancia.

Manifestar la mejor vida posible para ti no significa ganar a nadie, no se trata de ser «más que...».

Se trata de ser más tú.

Se trata de ser más libre.

Libre para hacer lo que quieras, cuando quieras, donde quieras y con quien quieras.

Cuando te liberes, podrás crear tu propio sueño despierta, para ti, no para impresionar a los demás.

Y ya que vamos a pasar tiempo juntas, ¿qué te parece si empezamos a ser superhonestas la una con la otra?

Dime (no se enterará nadie), ¿te ha sucedido alguna vez que una amiga compartiera contigo algo bueno que le ha pasado —por ejemplo, una pareja, un trabajo o un piso nuevo— y que al felicitarla y alegrarte por ella sintieras al mismo tiempo que por dentro te hacías más pequeña? ¿Que, sin querer, te llegara un pensamiento del tipo «¿por qué a mí no me pasa eso?»?

Si eres como yo, seguro que te ha pasado.

Si es así, puede que enseguida hayas pensado: «Qué mala soy, ¿por qué no puedo simplemente alegrarme por ella?, ¿qué pasa conmigo?, ¡qué pésima amiga soy!, ¡qué egoísta!».

Y entonces, justo después de la envidia, te han visitado la vergüenza y la culpa. Qué buena mezcla, ¿verdad?

Se dice que las mujeres no sabemos ser buenas amigas y que las peleas entre nosotras ocurren más que entre los hombres.

«La envidia y los chismes son cosas de mujeres», dicen. ¿Lo has pensado tú también?

¿Qué pasa? ¿Es que somos así y ya está? ¿Será algo biológico de la hembra humana?

Por supuesto que no. Como todo lo que nos limita, se trata de un comportamiento aprendido. Y como todo comportamiento aprendido, se puede desaprender. Menos mal.

¿Empezamos?

¿DE DÓNDE VIENE LA COMPARACIONITIS?

En muchos libros de desarrollo personal se dice que, cuando nacemos, somos una «página en blanco». Pero la página ya viene con algún que otro texto escrito en letra pequeña.

Las memorias de las generaciones pasadas habitan en nuestro inconsciente hasta que las llevamos a la luz para sanarlas. Pero para nosotras, las mujeres ¿qué son esas memorias?

No sé si te habrás dado cuenta, pero vivimos en (atención, *spoiler*) una sociedad patriarcal. Digamos que a las mujeres no se nos ha dado el papel dominante en... pues en ninguna área de la sociedad.

Durante milenios no hemos tenido ni derechos ni posesiones. Pasábamos de ser propiedad del padre a ser propiedad del marido. La ley no estaba de nuestro lado en caso de conflicto y no podíamos tener ni dinero ni trabajo propios.

Es decir, no contábamos con medios económicos para sobrevivir por nosotras mismas, ninguna ley nos protegía, las instituciones eran exclusivamente lideradas por hombres y, además, nos ganaban en cuanto a fuerza física.

En resumen, lo que nuestras antepasadas integraron durante siglos fue:

- La ley no me protege.
- No tengo posesiones económicas.
- Soy propiedad de mi padre o de mi marido.
- Mi opinión no tiene ningún peso, ni en mi vida privada ni en asuntos públicos.
- No puedo trabajar (o más bien sí, pero sin quedarme con el dinero generado).
- No me puedo defender físicamente.

En ese caso, ¿qué nos quedaba para sobrevivir?

Pues muy sencillo.

Solo nos quedaba... gustar.

La estrategia de supervivencia de las mujeres, dado que las circunstancias estaban en nuestra contra, era desesperada: tengo que agradar a toda costa.

Sobre todo teníamos que agradar más que las demás. Si no éramos mejor, ningún hombre nos elegiría. Y si no éramos elegidas, nos quedaríamos sin nadie que nos protegiera en un mundo hostil.

Durante milenios, ser «mejor» que las demás era un asunto de vida o muerte. Era una competición para la supervivencia. Así de simple.

Nuestras antepasadas no tenían otra opción que agradar al máximo para que las «seleccionara» un representante del «sexo fuerte». Ser perfectas para casarse y, por ende, lograr medios económicos, protección y un hogar.

¿Ves? No te compares porque seas mala persona, ni por ser superficial. La comparación y la envidia han nacido en las mujeres por el hecho de vivir en una sociedad en la que hemos sido sometidas.

Si estás en una posición de privilegio, ser mejor no es una cuestión de vida o muerte. Entonces, no tiene tanto sentido hablar mal y despreciar a los demás, ¿cierto? Así que el hecho de que los hombres se critiquen y envidien menos no es una cuestión biológica, sino fruto de una cultura que se ha basado en la opresión de la mitad de la población del planeta.

Quiero que sepas que cuando decides liberarte de la comparación y la envidia, estás haciendo algo grande. Te deshaces de milenios de creencias arraigadas en el inconsciente colectivo femenino que te gritan: «¡Tienes que ser la mejor, si no, morirás!».

¡Ya!, parece una locura, y dices: «¡¿Cómo voy a creer yo eso?!».

Tú no lo crees, pero tu cerebro primitivo, el que es responsable de mantenerte a salvo, se lo cree totalmente. Piensa que, si te deja estar bien contigo misma, abandonarás tus esfuerzos para ser mejor y estarás perdida. Tu cerebro piensa que la comparación es necesaria para tu supervivencia. No ha entendido que ya no estamos en la época de los romanos, ni en el siglo XIX.

Está bien, porque se lo puedes enseñar. Aquí aprenderás a poner tu cerebro a tu servicio y no dejar que sus delirios de persecución sigan guiando tu comportamiento.

¿QUÉ SIGNIFICA «SOMOS NIETAS DE LAS BRUJAS QUE NO PUDISTEIS QUEMAR»?

Hoy, la bruja se ha convertido en un emblema del empoderamiento de las mujeres. La frase «somos hijas de las brujas que no quemaron» está en incontables publicaciones de redes sociales y pancartas del 8M. Hemos cambiado la narrativa que convertía la palabra «bruja» en un insulto. Nos la hemos reapropiado.

Nos encanta identificarnos con la bruja mágica, la sabia, la curandera; la que corría con los lobos, la que era indomable, valiente e intuitiva. Y sí, volver a conectar con esta parte de nuestra psique es fundamental para reclamar nuestro poder.

Lo que pasa es que hemos olvidado otra parte de la herencia que nos dejaron nuestras antepasadas brujas. Como sucede muy a menudo con los procesos de evolución personal, queremos estar solo en la luz; sin embargo, no hay una liberación real si no integramos la oscuridad.

Lo que se ha venido llamando «caza de las brujas» en la Edad Media en Europa, que suena a nombre místico y romantizado, en realidad fue un feminicidio. Obviamente, no se reconoce como tal, ya que son los vencedores los que escriben la Historia.

Para dejar las cosas claras: «feminicidio» es igual a «genocidio de las mujeres».

«Genocidio» significa la «aniquilación o exterminio sistemático y deliberado de un grupo social por motivos raciales, políticos o religiosos».

Por lo tanto, por definición, feminicidio es matar a las mujeres solo por serlo.

Aproximadamente entre los años 1550 y 1650, centenares de miles de mujeres fueron quemadas, torturadas, esclavizadas, violadas y asesinadas. Y todo bajo las órdenes de la Iglesia y de las instituciones feudales. Se desconoce el número exacto, pero, según las fuentes, varía entre unos cientos de miles y millones. En cuanto a los datos y hechos concretos que nos han llegado de esa época, debemos recordar que las mujeres no estuvieron autorizadas a escribir hasta casi el siglo XIX y, por ello, su voz no ha llegado a los documentos oficiales.*

---

* Lisa Lister, *Witch, Unleashed. Untamed. Unapologetic*, Hay House, 2017. [Hay trad. cast.: *Bruja: Despertar el poder ancestral de las mujeres*, Sirio, 2018].

Los pretextos del genocidio eran religiosos: se consideraba hija de Satán a toda mujer que no se sometiera a la obediencia patriarcal, ya fueran curanderas, matronas, mujeres sexualmente libres, mujeres que deseaban ser independientes...

Insisto: no teníamos ni la ley ni las instituciones ni la fuerza física para defendernos. Y lo que no se menciona casi —en ninguna obra reciente de empoderamiento femenino— es que las mujeres, de nuevo por una necesidad de supervivencia, nos hicimos cómplices de esta carnicería.

¿Cómo fue que nos hicimos cómplices?

Echa la vista atrás. Cuando estudiabas la Segunda Guerra Mundial, ¿recuerdas aquello de la «delación»?, ¿cómo se prometía a las personas que estarían a salvo si denunciaban a sus vecinos? Pues así ocurrió también entre nosotras. Dividir para vencer siempre ha sido de las mejores estrategias de opresión.

La delación fue fomentada por los inquisidores, desde el inicio del feminicidio, premiando a las mujeres que denunciaban a otras mujeres.

Hemos denunciado a nuestras madres, a nuestras hijas, a nuestras hermanas.

Hemos denunciado a nuestras abuelas, a nuestras tías, a nuestras maestras.

Hemos denunciado a nuestras amigas y a nuestras primas.

¿Es horrible? Sí, claro que lo es. Pero ¿qué habrías hecho tú en esa misma situación? Creo que no podemos llegar a imaginarlo.

Resulta que esa traición tan profunda de la confianza entre mujeres que se amaban dejó una profunda huella, la llamada «Herida de la Bruja».

Ese fue uno de los principales objetivos de la Inquisición. No solo se proponían matarnos, sino aniquilar la confianza que existía entre nosotras.

Quisieron separarnos para someternos y controlarnos con facilidad y a largo plazo.

La Herida de la Bruja es el eco de esta gran traición que sigue en nuestro inconsciente.

Esta creencia profunda de que no puedo confiar en las demás mujeres, que si dejo que se me acerquen, tarde o temprano me harán daño.

Esta creencia de que tengo que ser mejor y estar preparada para defender mi sitio.

Sí, somos nietas de las brujas. No solo en lo bueno, sino también en su dolor.

No eres tú; es ese dolor inconsciente que te empuja a compararte y a no confiar en las demás.

Ahora sabes.

Conoces las raíces de la comparacionitis.

Sabes que no hay nada malo en ti.

Sabes que la puedes desaprender.

EL ÉXITO DE UNA ES EL ÉXITO DE TODAS

En realidad, al querer liberarte de la comparación nos estás haciendo un regalo a todas nosotras. Así que gracias por tu valía.

Lo primero que te debes es reconocer este gran logro.

Has decidido mejorar tu vida y luego comprar este libro, y es una decisión que no has tomado sola.

Es una decisión que el recuerdo de la Herida te llevó a tomar y que hace bailar de alegría a todas las brujas de tu linaje.

No hemos llegado hasta aquí solo para llegar hasta aquí, ¿verdad? Vamos a por más, a por la abundancia, el éxito y la felicidad, que son nuestros derechos de nacimiento.

La próxima vez que se despierte la comparacionitis, repite:

Esto no es mío.

Lo suelto.

Soy suficiente.

Estoy a salvo.

A continuación, cambia el filtro con el que observas a la mujer con la que te comparas. Recuerda la dura historia que nos une a todas. Cuando lo hagas, la podrás mirar de verdad. Podrás verla más allá de la envidia.

Podrás verla por quien es: una mujer como tú, que cada día decide avanzar y desafiar sus miedos. Una mujer que, sin la más mínima duda, a pesar de la perfección de su *feed* de Instagram, tiene momentos en los que los pensamientos negativos la superan. Una mujer que, por muy hermosa que la veas, en el 95 % de los casos se ha acomplejado por las duras exigencias que la sociedad impone sobre su físico. Una mujer que ha vivido con la sensación de ser menos valiosa solo por haber nacido «ella». Una mujer que tiene dudas, que se pregunta si lo hace lo suficientemente bien, si merece su éxito y si la gente la odia.

Ella es humana.

Ella es como tú.

Tú eres como ella

Somos una.

Cuando la puedas ver, así, por lo que realmente es, desaparecerá de ti la envidia y la reemplazará una inmensa gratitud. Una gratitud por elevarnos a todas, y por enseñarte lo que es posible para ti. Gracias a ella, tenemos una representante más de que sí, nosotras podemos, y de que sí, tenemos derecho a tenerlo TODO.

Solemos necesitar pruebas de que lo que deseamos es posible, y ella te las está dando con su ejemplo.

¿Ves?, la envidia no tiene por qué ser mala.

Si en lugar de escaparte de ella como si fueras mala persona por sentirla, la miras con curiosidad, trae regalos inesperados.

Tenemos que dejar de ver a la otra como una enemiga en la lucha por la supervivencia. Entonces en vez de estancarnos en la envidia, podremos transformarla en inspiración, y usarla de motor para crear la misma magia en nuestra vida.

Está claro, la comparacionitis no se irá del todo de un día para otro. El objetivo no es que se vaya por completo, sino que te liberes de su impacto emocional que resta empoderamiento.

Como sucede con cualquier práctica, cuanto más la tengas presente, más automática y poderosa se hará. Confía. Todo gran viaje empieza por un paso.

LAS GRANDES IDEAS DE ESTE CAPÍTULO

- La comparacionitis no es innata, es aprendida. Nace de una cultura que se ha basado en la opresión a las mujeres.
- Como todo patrón aprendido, se puede desaprender.
- Cuando decides liberarte de la comparación, le haces un favor a todo el inconsciente femenino y, con él, al planeta entero.
- Cuando veas a una mujer tener éxito, cambia la envidia por gratitud, y desde la gratitud, permítete ver qué te inspira de ella.

Antes de continuar: llévate una mano al corazón y repite:

«¡Mi éxito es inevitable y siempre estoy en el buen camino!».

Ejercicios para soltar la comparacionitis

Compárate contigo misma

1. ¿Quién eras, qué hacías y qué tenías hace cinco años? Apunta todo lo que has madurado, lo que has aprendido y lo que has superado desde entonces. Escribe todo lo que has creado, lo que has amado, lo que te has atrevido a soltar. No existe jerarquía en los logros. Reconócelos todos. Después de hacer el ejercicio escribe; ¿de qué te das cuenta?, ¿de qué te sientes más orgullosa?

2. Haz la lista de todo lo que agradeces en tu vida hasta el día de hoy. Empieza cada frase por «Gracias por...». ¿Verdad que hace cinco años estar donde estás ahora era apenas un sueño?

3. Por último, responde a esta pregunta: ¿Qué te emociona más acerca del futuro, ahora que reconoces lo grande que eres y lo mucho que ya has manifestado en tu vida?

Cuatro pasos para soltar la Herida de la Bruja

1. La próxima vez que te encuentres comparándote, inspira profundamente por la nariz y suelta el aire por la boca varias veces. Mientras lo haces, puedes darte golpecitos con los dedos en el centro del pecho para liberar la tensión a través del corazón.

2. A continuación, repite:
Esto no es mío.
Lo suelto.
Soy suficiente.
Estoy a salvo.

3. Mueve tu atención. Piensa en la historia que te une a esta mujer. Cambia la envidia por gratitud.

4. De la gratitud, pasa a la inspiración. ¿Qué te inspira de ella? ¿Qué te enseña que es posible para ti también?

2

¿Y tú en qué crees?

No sabían que era imposible, así que lo hicieron.

Anónimo

ERES LO QUE CREES

Charisse Nixon es doctora en Psicología y profesora en la Universidad de Penn State (Pennsylvania, Estados Unidos). Durante los últimos veinticinco años de su vida se ha dedicado a estudiar y enseñar la psicología comportamental en niños y adolescentes.

Para comprobar el impacto de lo que creemos sobre lo que creamos, llevó a cabo un experimento en clase con sus alumnos que me parece fascinante.

Al entrar en la sala, los estudiantes debían formar dos grupos: los que estaban sentados en el lado izquierdo del aula, el primero, y los que ocupaban el derecho, el segundo. Cada grupo recibió tres anagramas que resolver en un tiempo limitado.

Lo que no sabía el grupo de la derecha era que los dos primeros anagramas eran imposibles de resolver; es decir, que poco importaba el tiempo y el esfuerzo que dedicaran a intentarlo, pues no había ninguna posibilidad de crear otra palabra con las letras proporcionadas.

Los de la izquierda, en cambio, recibieron anagramas de solo tres letras, extremadamente fáciles de reordenar para crear nuevas palabras.

Nixon pidió a los alumnos que en cuanto resolvieran un anagrama levantaran la mano. A los treinta segundos, casi todos los alumnos de la izquierda alzaron la mano. Ninguno del grupo de la derecha lo hizo, ni en treinta segundos ni pasado más tiempo.

A continuación, llegó el segundo anagrama. De nuevo, Nixon pidió a los alumnos que se manifestaran en cuanto tuvieran la respuesta correcta. La misma mitad de la clase levantó el brazo, aún más emocionada que antes, siempre orgullosos de haber sido los más rápidos.

Con cada éxito, ganaban confianza en sus habilidades e inteligencia. En cambio, los de la derecha se hacían cada vez más pequeños y más inseguros con cada fracaso. Al ver a sus compañeros tener éxito tan rápido y al ser ellos mismos incapaces de hacer lo propio, empezaron a frustrarse y a sentirse fracasados.

Entonces llegó el tercer y último anagrama, «CINEMARA» (en inglés), que puede cambiarse fácilmente a «AMERICAN».* Los estudiantes del lado izquierdo lo solucionaron a los pocos segundos. Los del lado derecho, en cambio... A pesar de lo fácil que resultaba esta tarea, ninguno de los alumnos levantó el brazo. Algunos intentaron encontrar la solución sin éxito. Otros ni siquiera lo probaron.

¿Es porque eran menos inteligentes que los de la izquierda? Por supuesto que no.

Lo que les ocurrió fue que aprendieron a fracasar. Viendo a sus compañeros tener éxito tan rápido, y al no conseguir ellos lo mismo, empezaron a contarse historias del estilo: «No lo sé hacer», «No soy capaz», «Es demasiado difícil», «No soy bueno

---

* Derren Brown, *Happy: Why More or Less Everything is Absolutely Fine*, Bantam Press, 2016. [Hay trad. cast.: *Érase una vez... Una historia alternativa de la felicidad*, Ariel, 2017].

para esto», «Es imposible»... Y fue exactamente eso lo que manifestaron: su incapacidad para resolver el último anagrama.

De la misma manera, los de la izquierda lo resolvieron más rápido que la media normal de personas. ¿Por qué? En su mente, las historias que dominaban eran: «Es superfácil», «Soy buenísimo en esto», «Me encanta hacerlo, es divertido», «Se me da genial»... Y fue exactamente eso lo que manifestaron: se transformaron en unos supersolucionadores de anagramas en tres intentos.

¿Qué nos enseña este experimento?

Lo que crees, lo creas.

Un día en el colegio, cuando tenía diez años, mientras el profesor explicaba un ejercicio de matemáticas en la pizarra, yo escuchaba a medias porque estaba observando por la ventana cómo volaba un pájaro. Y de repente oí: «¿Maïté?».

Me di la vuelta y descubrí que todo el mundo me estaba mirando. No sabía ni lo que me había preguntado. Estaba aterrada. Justo cuando pensaba que no podía pasar más vergüenza, el profesor me dijo: «Ven aquí, que vas a resolver el ejercicio para toda la clase». Me quedé paralizada. Sentía las mejillas que me cambiaban de color, y el calor subiéndome por todo el cuerpo. Sentía la mirada atenta de mis compañeros; unos, aliviados de que no les hubiera tocado a ellos salir a la pizarra; otros, sinceramente compadecidos por mí, y los últimos... los últimos tenían una sonrisa de satisfacción que rozaba el sadismo (así lo veía yo). Deseé que se me tragara la tierra.

Me levanté despacio; sentía el corazón latir en el pecho y la sangre en el cuello. El verdadero *walk of shame*. El trayecto entre mi silla y la pizarra se me hizo interminable, podía sentir cada par de ojos que me miraban y se clavaban en mi piel. Una vez llegué a la altura del profesor (un hombre de unos cincuenta años, rígido y carente de empatía), me pasó el rotulador y dijo: «Ahora, resuelve eso».

Me quedé mirando la pizarra, esperando en el fondo que, si miraba bien bien, la respuesta apareciera ante mí por arte de magia. Un poco como cuando abres tres veces la puerta de la nevera para verificar que no ha aparecido comida desde la última vez que miraste.

El silencio y las risas a mi espalda no fueron nada en comparación con lo que dijo el señor Conrad después de unos minutos en los que no conseguí hacer el ejercicio: «No entiendes nada. Nunca serás buena para los números. Ni lo intentes».

Y eso fue lo que hice. Ni lo intenté. A partir de ese momento, cada vez que había clase de matemáticas, me quedaba paralizada y esperaba que pasara a otro tema; casi dejaba de respirar para que no me vieran. A este profesor le gustaba hacerme salir a la pizarra muy a menudo, y repetir frases del estilo «si sigues así, no conseguirás nunca nada».

Después de acabar el curso, la propia palabra «matemáticas» se convirtió en un trauma. Tanto que, hasta cierto punto y durante mucho tiempo (hasta que tuve veinte años o así), cálculos tan simples como 7 + 8 me producían taquicardia y me resultaba imposible resolverlos sin la ayuda de una calculadora.

Las consecuencias pudieron haber sido solo estas, pero terminé rechazando todo lo que tuviera que ver con números. Había interiorizado que se me daba mal cualquier cosa que no tuviera que ver con las letras.

¿Y sabes lo que tiene que ver con los números? El dinero. A los doce años, decreté «De mayor siempre seré pobre. No sé hacer nada que requiera entender números».

Y de mayor, extrañamente, siempre estaba en números rojos. Por muchas horas que trabajara, siempre me era imposible llegar a fin de mes. No entendí la relación entre estos acontecimientos y la realidad que había creado en mi cuenta bancaria hasta que aprendí el impacto que tiene lo que creemos en nuestra vida.

Por suerte, no todas las historias son así de negativas.

Durante miles de años se consideró imposible correr una milla (1,6 km) en menos de cuatro minutos. Ningún humano lo había logrado. Esa era la «realidad». Todos los atletas fallaban en el intento. Un día, en 1954, Roger Bannister hizo lo imposible: corrió una milla en menos de cuatro minutos. Hasta sus oponentes se sintieron aliviados al ver que sí se podía hacer.

Pero lo interesante de esta historia no está en la hazaña. Lo fascinante es que Bannister no conservó ni unos meses el récord mundial, pues durante ese mismo año decenas de atletas alrededor del mundo bajaron su registro.

¿Qué pasó? ¿Acaso cambió la genética humana en tan poco tiempo? Claro que no. Lo que pasó fue que Bannister les dio permiso para creer que era posible. De repente, correr una milla en menos de cuatro minutos se convirtió en una posibilidad real.

Creyeron que era posible y entonces lo hicieron.

Si las creencias tienen tanto peso en lo que creamos, vale la dicha pararse a entender lo que son y cómo crean la realidad, ¿verdad?

Empezando por lo obvio, ¿qué es una creencia?

Una creencia no es más que una visión del mundo que has aceptado como la verdad absoluta. Es una perspectiva, una opinión, que, para ti, ya no es cuestionable.

Estás convencida de que es la verdad.

El filósofo alemán Schopenhauer lo describe con maestría

en una frase: «Cada hombre toma los límites de su propia visión por los límites del mundo».

Diré incluso que todo es una creencia. De hecho, hasta decir que todo es una creencia, es una creencia. Y si crees que no es así, también es una creencia.

Hasta «verdades» tan ciertas como la muerte son en realidad creencias. Para más de la mitad del planeta, por tradición religiosa o pertenencia espiritual, la muerte es solo un paso más de la vida antes de regresar a otro cuerpo.

Que el cielo es azul también se puede ver como una creencia. Sabemos que es una ilusión óptica. La luz solar llega a la atmósfera de la Tierra y es dispersada en todas direcciones por los gases y las partículas presentes en el aire. La luz azul se dispersa más que los otros colores por viajar en ondas más cortas y pequeñas. Es solo por eso que vemos un cielo azul la mayor parte del tiempo.*

Observa esta otra ilusión óptica:

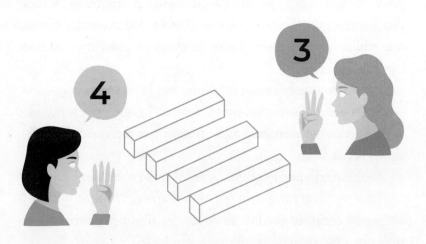

* <https://spaceplace.nasa.gov/blue-sky/en/>.

¿Quién tiene la razón?

Ni la una ni la otra. Y también, las dos a la vez.

Lo que percibimos del mundo que nos rodea no son más que ilusiones ópticas, basadas en lo que creemos como cierto sobre la vida y nosotros mismos. Y a partir de esas ilusiones ópticas creamos nuestra vida.

CADA CÉLULA DE TU CUERPO RESPONDE A LO QUE CREES

Hasta nuestra salud queda profundamente afectada por nuestras creencias.

La doctora Lissa Rankin, médica, profesora, autora de siete best sellers y conferenciante de Ted Talks, demostró en un estudio publicado en 2019 en *The New York Times* que el 79 % de los estudiantes de medicina de la facultad donde enseñaba habían referido que desarrollaban síntomas relacionados con las enfermedades de los pacientes que estaban atendiendo. Al volverse paranoicos y tener la certeza de que iban a enfermar, su cuerpo respondió a esta obsesión manifestando los mismos síntomas, simulando la enfermedad. Es lo que se denomina «efecto nocebo».

La capacidad de la mente de influir en nuestra salud es alucinante. En su best seller *Mind Over Medicine*,* Rankin relata múltiples casos de remisiones milagrosas a través de un cambio de creencia.

Uno de ellos es el caso del doctor Phillip West y su paciente

---

* Lissa Rankin, *Mind Over Medicine*, Hay House, 2014. [Hay trad. cast.: *La mente como medicina: la ciencia de la autosanación*, Urano, 2014].

el señor Wright, que padecía un cáncer avanzado para el que todos los tratamientos habían resultado fallidos. Estaba en fase terminal y todos sus órganos albergaban grandes tumores, su bazo y su hígado habían doblado de volumen, y se tenía que proceder cada día a un drenaje de sus pulmones para que pudiera respirar. Las previsiones del médico eran que no viviría más de una semana.

O sea, que estaba mal.

En ese mismo momento se comunicó en los medios la existencia de una nueva medicina milagrosa. Wright imploró tanto a su médico que se la suministrasen, que, a pesar de que se reservaba para los pacientes que tenían una esperanza de vida de al menos tres meses, este aceptó.

Contra toda expectativa y para sorpresa del doctor West, una semana después de empezar el tratamiento, el señor Wright estaba fuera de la cama. El médico no entendía cómo podía haber pasado: según sus propias palabras, todos los tumores se habían «derretido como bolas de nieve en una olla caliente». Diez días después de la primera dosis del nuevo fármaco, el paciente estaba fuera del hospital, libre del cáncer.

Tu primer pensamiento (el mío y el del médico también) debe de haber sido: «¡Qué potente es esta medicina! Todo el mundo la debería tomar», ¿verdad?

Pero la historia no acaba aquí.

Poco después, salieron artículos en la prensa científica demostrando que la medicina no era efectiva. Al leer esos artículos y tomarlos muy en serio, Wright cayó en depresión y el cáncer volvió.

Al ver la recaída instantánea de su paciente, el doctor West decidió probar algo para ayudarlo. Después de todo, no tenía nada que perder, estaba en sus últimos días de vida si no hacía nada, y ni la medicina lo podía ayudar. Le dijo al señor Wright que los estudios se basaban en análisis de las primeras cajas del fármaco, y que estas habían sido dañadas durante el transporte.

Por segunda vez, todos los tumores «se derritieron» y el paciente abandonó el hospital. ¡Estuvo aparentemente curado durante más de dos meses!

Por desgracia, esta nueva remisión milagrosa (¡dos en pocas semanas!) también duró poco. Volvieron a salir varios artículos en la prensa especializada, esta vez a nivel nacional, en los que calificaban al fármaco de «fracaso total». El pobre señor Wright, que confiaba plenamente en el criterio de estas revistas, volvió a enfermar y murió de cáncer dos días después.*

Eso fue porque Wright no era consciente de que lo que causaba las variaciones en su salud no era el fármaco sino lo que él creía acerca del fármaco.

En vez de convertirse en parte activa de su sanación, se quedó en objeto pasivo de medidas e informaciones externas.

¿Qué habría pasado si se hubiera hecho cargo de su propia remisión, admitiendo y usando el poder de sus creencias en la manifestación de su salud?

Lo podemos ver en incontables casos médicos; entre ellos, el de Patricia Dilts, la madre del fundador de la Programación Neurolingüística (PNL) Robert Dilts.

Vivió durante quince años sin síntomas, después del pronóstico que le daba entre unas semanas y unos meses de vida por un cáncer de mama que se había metastatizado en casi todos los huesos.

---

* Bruno Klopfer, «Psychological Variables in Human Cancer», *Journal of Projective Techniques*, 21(4), 1957, pp. 331-340.

Lo que hizo Dilts fue tratar la creencia de que el cáncer pudiera causar la muerte como un «virus mental», que se manifestaría solo si el cuerpo lo aceptaba. Durante cuatro días, trabajaron sin cesar con su madre cada una de las creencias y los conflictos internos que causaban la enfermedad. Patricia cuenta en su libro *My Pathway to Wholeness* que el médico calificó de «desesperado» su intento de salvarse, y que se había vuelto loca. En vez de aceptar el comentario del doctor, que se habría vuelto a su vez otro virus mental, siguió fortaleciendo su convicción de que estaba a punto de vivir una remisión milagrosa. Finalmente, el mismo doctor cambió sus creencias y empezó a apoyarla en todo su proceso. Como digo, vivió cerca de quince años sin síntomas, nadando más de un kilómetro varias veces a la semana y viviendo una vida feliz y plena.

¿Cuál es la diferencia entre el señor Wright y la señora Dilts?

En el caso de Wright, nunca se dio cuenta de que eran sus creencias acerca de la eficacia (o ineficacia) del tratamiento las que provocaban los altibajos en su salud.

En cambio, Patricia Dilts se hizo responsable de su remisión y participó de un modo activo en su curación, poniendo conscientemente sus creencias a su servicio para curarse.

CÓMO TUS CREENCIAS FORMAN TU REALIDAD

¿Por qué me he tomado el tiempo de compartir contigo tantos estudios y casos médicos?

Porque cuantas más pruebas puedas darle a tu mente de que tu capacidad de influir en tu vida es real, más permiso te darás para creer y, por ende, para crear.

Si bien la idea de que nuestra realidad exterior es un reflejo de nuestro interior se rechaza a menudo por ser demasiado «espiritual», ahora ya puedes comprobar que tiene un fundamento psicológico y muchas investigaciones científicas que la respaldan.

Por ende, para manifestar lo que deseas en la vida, tu mayor poder radica en fortalecer tus creencias empoderadoras y reprogramar aquellas otras que te sabotean.

Entonces ¿qué sucede entre el momento en el que crees algo y el momento en el que esta creencia produce frutos en el mundo exterior?

Me gusta ver este proceso como un árbol. El árbol de tu vida.

Como ocurre con los árboles, donde los frutos son lo último que se crea, nuestros resultados exteriores son tan solo la consecuencia de todo lo que les precede.

Y, como ocurre en los árboles, la génesis de estos frutos nace en las raíces, que son nuestras creencias.

Si eres como yo y tienes una memoria visual, te ayudará el siguiente diseño para entender mejor cómo tus creencias crean tu realidad:

Siempre acabo teniendo lo mismo
en la cuenta. Pierdo dinero
(Hojas/Frutos = Resultados tangibles)

Más y más dinero
en mi cuenta
(Hojas/Frutos = Resultados tangibles)

No pido el aumento que
merezco por miedo a perder,
no me lanzo o me lanzo
con estrés y control
(Ramitas = Acciones)

Lanzo mi negocio.
Cambio de trabajo.
Pido una promoción
(Ramitas = Acciones =
Resultados tangibles)

Estresada,
angustiada, con miedo
(Ramas = Emociones)

Segura, positiva,
agradecida
(Ramas = Emociones)

No hay suficiente dinero,
me voy a quedar sin nada
(Tronco = Pensamiento)

Hay más que suficiente para
mí y para todos
(Tronco = Pensamiento)

Ganar dinero es difícil
(Raíz = Creencia)

Soy un imán para el dinero
(Raíz = Creencia)

En el lado izquierdo vemos el árbol «podrido», que, tal como habrás adivinado, es una metáfora de la vida que no quieres. Es la vida que tal vez estés viviendo ahora, en la que, a pesar de tus esfuerzos y tu voluntad, no consigues los resultados que deseas.

En el caso del dinero, los frutos no deseados son fáciles de imaginar: estar siempre en números rojos, no conseguir los clientes necesarios para que tu negocio sea rentable, no poder vivir de tu arte, tener un salario muy por debajo de tus capacidades y tu formación académica, acabar siempre con el mismo número en tu cuenta bancaria y no poder ahorrar a pesar de recibir más dinero.

¿Ya has experimentado alguna de estas situaciones?

En caso afirmativo, ¿cuántas veces te has enfadado con el mundo porque te ha tocado vivir así?

Yo, muchísimas. Era culpa de todos; sobre todo de la sociedad injusta y de mis jefes, que no me querían pagar más.

Antes de dedicarme a ser coach experta en Manifestación, trabajé en una multinacional de consultoría tecnológica, en la que acabé dirigiendo un equipo de diez personas en varios países.

Tal vez pienses que seguro que ganaba bastante dinero.

Lo que la gente no sabe es que, a pesar de dirigir equipos, nunca tuve el sueldo correspondiente a un cargo directivo.

Para entrar en esa empresa, aunque ya no era estudiante, acepté inscribirme en una universidad desconocida solo para que me pudieran hacer un contrato de becaria y no estuvieran obligados a contratarme como empleada.

Y yo pensaba: «Está bien, tengo poca experiencia» o «Es normal, ya me subirán el sueldo después». Pero después... después me pagaron con responsabilidades, que es exactamente lo que parece: siempre tenía más responsabilidad sin tener más dinero. Me decían que debía estar contenta, que confiaban en mí a pesar de mi edad.

Sentía frustración, pero no me atrevía a decir nada por miedo a no valer más (y recuerda mi creencia «siempre seré pobre porque no se me dan bien los números».).

Gente que estaba por debajo de mí cobraba lo mismo que yo (muy bien por ellos, por cierto). Los últimos meses que pasé allí me di cuenta de que mis homólogos (hombres) de otros departamentos ganaban mucho más que yo. Aun así, nunca se me pasó por la cabeza negociar nada.

Estaba en números rojos cada mes, compartiendo piso como una estudiante, pero con la carga mental y las responsabilidades de una mánager.

Podría haberme enfadado con mis jefes y, de hecho, lo hice. Pero, al fin y al cabo, quien aceptó esas condiciones fui yo.

Quien no tuvo el valor de hablar fui yo.

Quien no se fue antes de tres años fui yo.

Hasta que un día me fui.

Y me fui tan disgustada con el mundo empresarial que quise huir de los negocios. Los odiaba. Eran todos unos tramposos asquerosos. Yo quería ayudar al mundo, no como esas empresas que solo quieren dinero.

Dejé mi empleo y me lancé a dar clases de yoga y coaching. Entonces puse en práctica los principios de Manifestación que tanto me obsesionaban.

Me llegaron todas las oportunidades que deseaba: clases llenas, primer retiro lleno, colaboraciones con grandes marcas.

Me sentía exitosa como profesora de yoga y coach, solo que ese éxito no se traducía en dinero.

De una manera u otra no me llegaba la cantidad que yo esperaba. No me pagaban, o si me pagaban, lo perdía. Rebajaba constantemente mis tarifas, saboteaba mis mejores oportunidades de colaboración, me ponía enferma justo antes de un evento por el que recibiría una gran cantidad de dinero...

Al año y medio de haber empezado, a pesar de tener clientes y dar talleres por toda España, llegué a tener ochenta euros en la cuenta. Me acuerdo porque cuando hace poco creé mi programa *Eres un imán para el dinero*, retomé mis notas de esa época. ¡Ochenta euros nada más!

Poco después, tomé conciencia de que este número bajó aún más, al preparar un episodio de mi pódcast *Tu éxito es inevitable*. Volví a leer unas páginas de mi diario en el que escribía: «Tengo miedo a no poder pagar la casa del Retiro [de yoga]. Aún no tengo las reservas necesarias para hacerlo y me quedan 40 € en la cuenta». Puedes escuchar el pasaje completo de mi diario en el episodio #093: «Si te sientes desanimada, escucha esto».

Había cambiado de trabajo y, sin embargo, mi falta de liquidez seguía siendo la misma, incluso peor, porque ya ni siquiera tenía la seguridad de un salario fijo.

Porque, en realidad, el problema no era la falta de dinero.

La falta de dinero nunca es el problema.

Solo es fruto de nuestras raíces de escasez.

Solo es el síntoma de nuestras creencias.

Podemos tener un trabajo que sobre el papel suena fenomenal, con muchas responsabilidades, y no ganar casi nada.

Varias de mis alumnas estaban en la misma situación de privación siendo médicas, abogadas y arquitectas. O sea, las profesiones que nuestros padres hubieran querido para nosotras porque pensaban que así nunca nos faltaría de nada.

Cuando me fui del mundo corporativo pensaba que ellos eran los malos, que era culpa suya, y que yo era una víctima de unos jefes sin alma. Pensaba que sí, que iba a crear la prosperidad que merecía. Y ¿qué pasó? Volví a crear exactamente lo mismo: estaba sin un duro, pero a mi cargo.

¿Te ha sucedido alguna vez que has cambiado el entorno, por ejemplo, un trabajo para huir de un jefe manipulador, y al poco tiempo te has dado cuenta de que el nuevo era exactamente igual?

Es normal. Lo que hace la mayoría de la gente cuando no le gustan los frutos de su vida es: 1) enfadarse con los frutos, o 2) intentar escapar de los frutos cambiando su entorno.

El problema es que, si cambias de trabajo sin haber modificado antes tus creencias acerca del dinero, lo más probable es que no cambies tu realidad financiera. Dicho en otras palabras, tus creencias sobre el dinero pueden hacer dos cosas: o bien permitir o bien repeler la riqueza que quieres crear para ti misma.

¿Qué creencias tenía yo en esa época?

Pues, como bien sabes, la primera era «siempre seré pobre porque no se me dan bien los números», entre otras muchas más (que veremos más en detalle en el capítulo dedicado a hacerte un imán para el dinero):

«Tengo que trabajar duro para merecer dinero».

«No se puede ganar dinero siendo profe de yoga y coach».

«No merezco ganar dinero si no soy perfecta».

«Las mujeres no se pueden hacer ricas por sí mismas».

«El dinero es sucio y los ricos son malvados».

«El dinero me cambiará y perderé a mis amigos».

Cuando solté esas creencias, en un año pasé de tener ochenta euros trabajando sola y haciendo prácticamente todo, a crear una empresa de cerca de un millón de euros, con un equipo dedicado, y más de mil quinientas alumnas repartidas entre veintiún países. (Puedes escuchar el episodio de pódcast #058 *Pasar de 80 € a 6 cifras en la cuenta* si quieres saber los detalles de esta historia).

Al año siguiente, este número se dobló y me mudé de mi micropiso de cuarenta metros cuadrados en el que vivía desde hacía tres años y medio al piso que había puesto en mi tablero de visión, con piscina, vistas al mar, gimnasio y conserjería las veinticuatro horas. (Puedes escuchar la historia detallada en el episodio de mi pódcast #064 *Cómo manifesté el piso de mi tablero de visión*).

Y, por supuesto, ni ha sido por arte de magia ni me ha llegado el dinero mientras me rascaba la barriga en el sofá. Obviamente ha requerido concentración, trabajo y, sobre todo, aplicar con total dedicación todo lo que leerás en este libro.

Y si piensas que lo he conseguido porque he creado mi propia empresa, cuidado, esa es otra creencia. Puedes ser próspera también trabajando por cuenta ajena.

El caso es que nada cambiará si no cambias tus creencias primero.

Como dice Robert Dilts en su libro *PNL, identificación y cambio de creencias*, «nuestro sistema de creencias es la base de cualquier cambio que queramos hacer. Puedes enseñar lo que quieras a cualquier persona. Si esta persona cree que algo no es posible o que no es capaz de hacerlo, encontrará maneras inconscientes de impedir el cambio. Para crear cualquier cambio, debemos trabajar con las creencias limitantes primero».

Si nuestras creencias no están acordes con lo que deseamos vivir, encontraremos maneras, conscientes o inconscientes, de sabotear nuestros intentos y seguir en la realidad que corresponde a nuestro mundo interior.

Por eso el 70 % de los ganadores de la lotería, después de hacerse millonarios de la noche a la mañana, al cabo de tres años acostumbran a ser igual o más pobres que antes.* Han querido colgar unos frutos nuevos a un árbol que no ha cambiado sus raíces y, como resultado, manifiestan todo tipo de situaciones a través de las cuales perderán todo su dinero. Honestamente, la lista de horrores que les ocurrieron a ciertos ganadores es escalofriante: desde malas inversiones hasta acabar en la cárcel, pasando por gastos descontrolados en un tiempo récord y divorcios.**

Si lees noticias de ese tipo a vuelapluma, pueden reforzar tu propia creencia: el dinero trae problemas. Pero si las lees siendo algo más consciente, puedes notar que estas personas, al cambiar solo lo externo y no actualizar su mapa mental interno, fueron incapaces de sostener esta gran manifestación en su vida.

Podían tener creencias (= raíces) como que «el dinero es difícil de ganar». Esta creencia pudo dar luz, en cuanto se ganó la lotería, a pensamientos del tipo: «es demasiado bonito para ser verdad», «no durará», «tengo que disfrutar rápido porque pronto se acabará». Uno de los ganadores de la lotería entrevistados en el *Times* afirmaba después de que le tocaran trece millones de dólares: «Me habría gustado no haber ganado nunca la lotería», por el estrés que trajo consigo esa nueva y repentina realidad financiera.

Estos pensamientos, siguiendo el árbol de la vida, han dado luz a emociones de estrés, miedo, desconfianza y ansiedad, desencadenando acciones y situaciones que resultaron en su bancarrota.

Sin sanar las raíces no se pueden tener frutos sanos.

* <https://www.cnbc.com/2017/08/25/heres-why-lottery-winners-go-broke.html>.
** <https://eu.usatoday.com/story/news/nation/2021/10/07/most-lottery-winners-go-into-debt-horror-stories/6019987001/>.

Un verano, mi hermana y mis sobrinas vinieron a Barcelona a visitarme. Estábamos en la piscina de mi casa, la ocasión perfecta para enseñar a nadar a la más pequeña, Alice, que entonces tenía cuatro años y medio.

Ella, tan atrevida, quería probar sin los manguitos. Veía a su hermana mayor, Amara, hacer largos de un extremo a otro como una jefa, y no hacía falta nada más para motivarla a superarse.

—Bien, Alice, entonces mira cómo se hace.

Mientras mi hermana la sujetaba en brazos, le enseñé los movimientos de manera exagerada.

—¿Ves? Los brazos se abren en semicírculo y luego se juntan. Es como si quisieras empujar el agua para avanzar. Y luego bates con las piernas tan fuerte como puedas, así.

Como Alice insistía en que no la sostuviéramos con la mano debajo de la barriga para hacer pruebas, dejamos un metro de distancia entre mi hermana y yo para dejarla nadar. Así, sola, «como una niña grande».

Empezó su primer intento, pero lo hizo solo con las piernas.

En el metro de distancia, batió las piernas lo más fuerte que pudo y dejó los brazos extendidos a lo largo de su cuerpo. Aunque hundió la cabeza varias veces en el agua, no nos dejó que la tocáramos. Y al final ¡lo consiguió! Aún oigo su risa de felicidad y orgullo.

—OK, Alice, ahora intenta con los brazos y las piernas a la vez, ¿vale?

Ni respondió, porque ya estaba preparada para nadar de vuelta.

Tres, dos, uno... y empezó de nuevo. Esta vez... solo usó los brazos, con los que imprimió toda la fuerza, y dejó las piernas rectas y estáticas. Con más dificultad, pero con la misma alegría y aún más orgullo, si cabe, llegó a su destino.

—¡Soy demasiado buena! —exclamó.

Después de felicitarla, le hice la pregunta:

—Pero, Alice, ¿por qué no usas los brazos y las piernas a la vez?

Lo que respondió me dejó embobada:

—Porque no sé si es de verdad la mejor opción. Me lo has dicho tú, pero quiero verificar que de verdad es lo que mejor funciona.

Una niña de menos de cinco años me acababa de dar una lección de vida.

La mayoría no cuestionamos lo que comparten con nosotros nuestros padres y cuidadores adultos, o lo que vemos en los medios. Y en la mayoría de las ocasiones, ni siquiera tenemos la capacidad mental de hacerlo.

Hasta los ocho años de edad, la corteza prefrontal, la parte del cerebro responsable del razonamiento y la lógica, no está formada. Es decir, que no tenemos la capacidad de discriminar entre lo que consideramos verdad y lo que no.

Aceptamos lo que otros dicen y comparten con nosotros como la verdad absoluta.

Y: ¿cómo lo podríamos haber hecho de otro modo? En el caso de Alice, ella podía darse cuenta en ese momento si era mejor nadar usando brazos y piernas a la vez.

Pero ¿cómo podías verificar si siempre era verdad eso de que es difícil ganar dinero? ¿Qué oportunidad tenías de verificar si era una verdad absoluta que el dinero corrompe y los ricos son malos?

A los ocho años no ibas a trabajar ni tenías acceso a otra información que la que te llegaba directamente. Y aunque te hubiera llegado, estabas diseñada para aceptar la visión de tus cuidadores. Esto es una función adquirida por la evolución: era necesario poder adaptarse y estar en sintonía al cien por cien con quienes aseguraban tu supervivencia.

El psicólogo suizo Jean Piaget decía: «Dame un niño hasta sus ocho años y yo te respondo por su edad adulta».

Creencia tras creencia, escribimos el guion de nuestra vida.

Estas se forman principalmente de tres maneras:

1. A raíz de lo que has oído

Si tus padres se quejaban sin cesar de los jefes codiciosos y de que el «dinero no crece en los árboles», lo más probable es que creas que es difícil ganar dinero y que los ricos son malos.

La creencia de Pilar

Una de mis alumnas, Pilar, tenía un don para la sanación. Sin embargo, se encontraba estancada en un trabajo de maestra con el que, desde hacía tiempo, se sentía vacía y sin ganas de levantarse por las mañanas. Trabajaba siempre más horas, cada vez con menos ganas, e hiciera lo que hiciera, el dinero no le alcanzaba para llegar a fin de mes. No se atrevía a cobrar por sus servicios de sanación, aunque estos aumentaban en número. Sentía que era su misión de vida, pero algo le impedía lanzarse. Durante su proceso en *Manifiéstalo*, se dio cuenta de la creencia que le impedía vivir de su pasión. De pequeña, cada vez que iba a visitar a sus abuelos, su madre le decía: «Si la abuela te pide si quieres comer y beber algo, dile que no, ¿eh? Queremos que sepan que venimos a verlos porque nos gusta y porque los queremos». Cada vez que visitaban a los abuelos, Pilar no pedía nada solo por demostrarles su amor por ellos; a veces incluso se quedaba con hambre o sed durante esas visitas. Lo que integró Pilar en ese momento fue que «si las cosas se hacen con amor, no se puede pedir nada a cambio». Por supuesto, todas sus sesiones de sanación las hacía con muchísimo amor, y, por lo tanto, inconscientemente no se permitía pedir dinero a cambio. Un año después de liberarse de esta creencia, había dejado su trabajo de maestra y se dedicaba al cien por cien a su misión de vida; incluso se compró la casa de sus sueños, delante del bosque y con jardín, donde vive ahora con su pareja.

2. A raíz de lo que has visto

Si has visto constantes peleas entre tus padres y muy pocos momentos de paz o amor, puedes haber integrado que «el amor real no existe» y que «tener pareja es sinónimo de estar triste o en peligro».

La creencia de Lisa

Durante años fui testigo impotente de los desamores de una de mis mejores amigas. Vivimos juntas en varios países y, en cada uno de ellos, ocurría la misma historia: un inicio apasionado y, pocos meses después, un amor no correspondido. A veces la cosa empezaba con un amor no correspondido sin pasar siquiera por la pasión.

Lisa, que tanto quería encontrar el amor, conseguía solo sufrimiento.

Era tan doloroso verla repetir la misma historia, la misma

esperanza y la misma desesperación una y otra vez... Mientras lloraba por el fracaso de su última relación, yo intentaba decirle que el problema no era ella. Que, si la historia se repetía tantas veces, tal vez había en su inconsciente un programa que no la dejaba tener pareja, aunque lo quisiera mucho, y que, si indagaba en esta parte, quizá pudiera liberarse.

Pero ya sabes dónde nos metemos los consejos de las amigas en esos momentos. Hasta que un día pudimos hablar de cómo veía ella las relaciones:

—No puede haber relación feliz a largo plazo. Los hombres engañan siempre —me dijo.

—Yo no tengo esa experiencia —respondí—. En tu familia, ¿cómo son las parejas?

—No conozco ni una pareja que aún esté junta. ¡Todos divorciados!

—¡Guau! Y entre tus padres, ¿cómo fue?

—Mi padre fue violento con mi madre cuando estaba embarazada de mí. Se separaron y apenas he tenido relación con él.

En la vida de Lisa, los hombres habían sido mentirosos, violentos y ausentes. Y las mujeres se habían quedado solas con los niños y sin recibir ayuda para salir adelante. La historia de su familia con las parejas era una historia de lucha. En su mente subconsciente se instaló el programa de que era mejor estar sola que con pareja. Esta parte de su psique hacía lo imposible para que nunca consiguiera tener a alguien a su lado. Para esa parte de su mente, los hombres eran peligrosos y las historias de parejas, sinónimo de sufrimiento. Debía protegerla a toda costa de vivir el mismo destino que las mujeres de su familia.

Por fin, al dejar de obsesionarse con los frutos y ponerse a mirar sus raíces, pudo sanarlas. Hoy disfruta de una relación feliz y ha formado una familia.

El problema no era ella. Eran las raíces que creían protegerla, cuando en realidad estaban saboteando su vida.

3. A raíz de lo que has experimentado

Aquello que hayas experimentado de manera repetida, o si el acontecimiento fue muy traumático, puede bastar una vez para que se instale en ti un programa limitante (lo que se llama *bioshock* en la nueva medicina germánica). Si eras la única en el cole que heredabas la ropa de tu hermana mayor y te daba vergüenza no lucir las mismas marcas que tus amigas, puedes haber integrado «yo no merezco tener cosas bonitas» u otra creencia por la cual tú ibas detrás de todos.

La creencia de Carola

Otra de mis alumnas, Carola, es artista en el alma. Desde pequeña quería vivir de su arte, pero había experimentado la presión familiar para no dedicarse a algo que nunca le daría «para vivir» y centrarse en «estudiar y encontrar un trabajo de verdad». Año tras año se perdió esa lucecita interior que la llevaba a atreverse a lanzarse. En su mente de adulta se repetía «es que no se puede vivir del arte, no hace falta ni intentarlo». Sin embargo, la pasión era tan fuerte en ella, que nunca la había dejado por completo. Creaba al margen del trabajo, porque el arte no podía ser más que un hobby.

Al darse cuenta de que esto no era más que una creencia y sanarla, se lanzó, y a las pocas semanas manifestó exactamente el trabajo que deseaba en una productora de televisión, con el salario que se había marcado como objetivo financiero. Por primera vez se dedicaba al cien por cien a lo que le apasiona. Ya no tuvo que elegir entre arte y dinero; pudo tenerlo todo y eso en medio de una pandemia.

Poco después de esta gran manifestación se mudó a una hermosa casa en una zona de su ciudad que siempre había considerado inalcanzable para ella, aunque soñaba con vivir allí. Puedes escuchar su entrevista en el episodio #061 de mi pódcast *Tu éxito es inevitable, con Maïté Issa.*

Es importante tener claro algo: el hecho de reprogramar tus creencias limitantes no hará que consigas tus resultados de un día para otro.

Lo que conseguirás será dejar de sabotearte en tu camino para manifestarlos.

EL PODER DE TU MENTE SUBCONSCIENTE

> Sea lo que sea que plantes en tu mente subconsciente, recogerás sus frutos en tu vida, tu cuerpo y tu entorno.
>
> Dr. Joseph Murphy

¿Cómo es que Pilar no se acordaba de las frases que le decía su madre cuando iban a casa de su abuela y, aun así, la seguían afectando en su vida? ¿Cómo es que Lisa no se daba cuenta de lo que creía acerca de las parejas y, a pesar de querer manifestar la suya, este sistema le impedía conseguirlo?

Porque el 95 % de nuestra actividad mental se produce en un segundo plano, al margen de la actividad de nuestra mente consciente. Como decía Sigmund Freud: «La mente consciente puede compararse a una fuente que juega a la luz del sol, y baja hasta las oscuras fuentes subterráneas del subconsciente, de donde emerge».

Muy a menudo, como en el caso de Lisa, queremos con todas nuestras fuerzas lo que pensamos con el 5 % de nuestra mente, sin darnos cuenta de que el otro 95 % está trabajando a muerte para que no lo consigamos.

Hasta que nuestras mentes no estén alineadas y converjan plenamente, unidas para lograr nuestros objetivos, será muy difícil que los manifestemos. O, como en el caso de los ganadores de la lotería, si los manifestamos, lo más probable es que nos saboteemos justo después.

Tal vez hayas visto la película *Origen*, de Christopher Nolan, en la que Leonardo DiCaprio se encarga de implantar una idea en la mente subconsciente del mayor competidor de su cliente, una idea que le hará tomar decisiones que llevarán a la caída de su empresa. «¿Cuál es el parásito más resistente? Una idea. Una sola idea de la mente humana puede levantar ciudades. Una idea puede transformar el mundo y reescribir las reglas», dice Dom Cobb, el personaje de DiCaprio.

Nuestro objetivo es hacer lo mismo con nuestra mente subconsciente pero en positivo. En vez de implantar ideas negativas o «parásitos», queremos sembrar nuevas semillas positivas, que con el tiempo darán los frutos que deseamos en nuestra vida.

Existen ciertas leyes de la mente subconsciente que nos hacen la vida más fácil si decidimos ponerla a nuestro servicio.

1. La primera es que, nada más sacar a la luz tus creencias limitantes, empiezas el camino de la liberación. El psicoanalista Carl Jung decía la famosa frase: «Hasta que lo inconsciente no se haga consciente, dominará tu vida y tú lo llamarás destino». Podemos darle la vuelta y decir lo mismo una vez que hagas conscientes tus patrones, habrás dado un enorme paso para que dejen de guiarte.

2. La segunda regla es que la mente subconsciente escucha todo lo que dices y se lo toma todo en serio. No discrimina entre lo que es bueno o malo para ti, al igual que la tierra no discrimina si son semillas de malas hierbas o de rosas, y las nutre todas por igual. Cada vez que repites «soy tonta, no valgo para eso», aunque sea en broma, lo integra para reforzar su programa limitante. Cada contenido con el que nutres tu mente; lo que lees, escuchas y ves, todo contribuye a que tu mente trabaje para o en contra de lo que quieres manifestar en tu vida.

3. La tercera regla es que no distingue entre lo real y lo imaginario, ni entre el pasado, presente y futuro. Por esa razón, técnicas que desarrollaremos más adelante, como la visualización y las afirmaciones positivas en presente, son tan útiles para la reprogramación y la manifestación. Por eso también se puede sanar hoy una creencia integrada por un acontecimiento vivido hace años.

4. La cuarta regla es que la mente subconsciente no diferencia entre ti y los demás. Para ella solo existes tú, y todo lo que le deseas y haces al otro te lo haces a ti. De ahí la gran tradición que tengo con mis alumnas de celebrar a lo grande los logros de las demás. Tanto da que sea tu madre, tu amiga o una desconocida en internet, el hecho de que te alegres por su logro como si fuera el tuyo manda un mensaje de éxito a tu mente subconsciente, que entenderá que tú también eres exitosa. Al revés, desearle el mal a la otra, es mandar a tu mente subconsciente la petición de sabotear tus propias manifestaciones.

5. La quinta regla es que se reprograma con más facilidad gracias a dos factores clave: la repetición y la emoción, que veremos más adelante. A lo largo de los próximos

capítulos descubrirás cada vez más secretos y maneras de vivir de una manera alineada para que tu mente consciente y tu mente subconsciente te guíen juntas en la manifestación de todos tus sueños.

Por ahora, antes de hacer los ejercicios, felicítate por haber llegado al final de este capítulo, ponte la mano en el corazón y repite en voz alta:

«¡Mi éxito es inevitable y siempre estoy en el buen camino!».

SI ELLA PUEDE, TÚ TAMBIÉN

Silvia

De cómo Silvia pasó de estar dos años desempleada y rogando a las empresas por trabajo a tener un empleo con un gran sueldo en una empresa de prestigio mundial, sin tener que pasar siquiera por una sola fase de selección.

«Era víctima de mis propias creencias y de mis pocas ganas de soñar. Había perdido los ánimos porque nada salía como yo deseaba. De verdad, es que las cosas parecían salir siempre al revés. Me había hecho pequeña para complacer a muchos y no eclipsar a los demás, estaba apagando mi luz a toda costa. Llevaba dos años buscando empleo, incluso me presentaba a entrevistas por debajo de mi perfil, donde no me cogían por estar sobrecualificada. Con el tiempo, ya ni me atrevía a aspirar a cargos de mi nivel, pensando que nunca me seleccionarían.

»Cuando aprendí con Maïté a sanar mis creencias, transformar mi identidad y confiar en el Universo, me dejé llevar y empecé a vivir la vida de mi nueva identidad, Violeta, actuando y pensando cómo lo haría ella, antes siquiera de que aconteciera una sola modificación en mi realidad física. Y así, de pronto, sucedió el cambio que tanto había esperado.

»Mis manifestaciones son tan numerosas que aún me cuesta seguir la cuenta. Para empezar, comencé a invertir, cosa que nunca me habría atrevido a hacer, porque "no sabía" y "no estaba preparada". Esta decisión salió tan bien que me permitió ganar un buen dinero, una cantidad que nunca habría llegado a mí si no me hubiera lanzado. Me siento segura como inversora, cosa que antes, por mis creencias, ni me planteaba.

»Pero eso no es todo, y aún me cuesta creerlo. El caso es que al poco tiempo recibí una llamada de uno de los grupos financieros más importantes del mundo para decirme que me querían en su equipo de asesores externos, con un sueldo extraordinario. Además, podía trabajar desde donde yo quisiera.

»Aluciné; primero, porque lo que hago hoy en día es algo que me apasiona, y segundo, porque después de pasar dos años buscando empleo no solo en mi área, sino en la que fuera, me llaman y me dicen "te queremos aquí dentro".

»Y esto no acaba aquí: manifesté que una universidad en el Reino Unido me aceptara sin condiciones y, además, me becaran para hacer mi MBA International, además de poder comprarme un coche nuevo de mi color favorito que jamás habría soñado con permitirme.

»Y lo más bonito de todo, mi mayor manifestación, es ser ahora una mujer con ganas de vivir intensamente. Me dejo guiar por mi mejor versión del futuro, que sigo día a día y que me regala a cada segundo sensaciones y sincronicidades que me van cambiando la vida. Me ayuda a confiar y a dar pasos en mi camino, para luego comprender que todo lo que aconteció es aún mucho mejor de lo que yo hubiese querido.

»Mi consejo es que te atrevas a mirar tus sombras, tus lados oscuros y tus patrones de escasez, para así conocer tu esencia y enamorarte de ti. Solo viendo la oscuridad podemos valorar la luz que llevamos dentro y ser las dueñas de nuestra propia vida».

LAS GRANDES IDEAS DE ESTE CAPÍTULO

- Las creencias son la raíz de todos los resultados externos que experimentas en tu vida.
- Se crean mayoritariamente hasta los ocho años de edad, en función de lo que escuchamos, vimos y experimentamos.
- Al cambiar tus creencias, puedes cambiar tu vida.
- Tu mente subconsciente, responsable de más del 95 % de tus comportamientos y resultados, está siempre escuchando lo que dices y prestando atención a los contenidos que consumes.
- Todo lo que plantes en tu mente subconsciente dará frutos en tu vida.
- Todo lo que digas, leas y experimentes de manera repetida contribuye a nutrir tu mente subconsciente, ya sea en la dirección de tus sueños o en la contraria.

Ejercicio para darte cuenta de tus creencias limitantes

Haz una lista con todas las razones por las que crees que no puedes manifestar lo que deseas. Por ejemplo, «no puedo manifestar una pareja porque...

- soy demasiado vieja».
- las mujeres independientes como yo les damos miedo a los hombres».
- todos los hombres son infieles».

Toda esta lista de razones no son más que creencias limitantes. Recuerda que no vemos el mundo como es, sino como somos, y para CUALQUIER razón que tengas para no poder lograr lo que deseas, te aseguro que, buscando, encontrarás al menos una persona en la misma situación que tú, o peor, que sí lo logró.

Ejercicio para darle la vuelta a una creencia limitante (hace también maravillas con cualquier pensamiento negativo a lo largo del día)

Ejemplo

Creencia: *«Es imposible tener éxito emprendiendo a mi edad».*

1. *¿De dónde viene esta creencia? (Aquí te das cuenta de que no es tuya y, por lo tanto, la puedes desaprender).*
«De mi madre, siempre repetía lo mismo, que si no encuentro mi camino antes de los treinta años, estoy perdida. O de las películas, en las que ninguna protagonista tiene más de treinta y cinco como máximo».

2. *¿Esta creencia es la verdad absoluta o es posible que sea una simple percepción y que me falte información para ver otra perspectiva? (Aquí la cuestionas, dejas de ser la niña que se lo cree todo y acepta lo que le dijeron).*

«No, tengo mil ejemplos contrarios. Y si no los tengo, los buscaré ahora. Conozco a X, Y y Z que han emprendido a tal edad y les fue de maravilla».

Cuantos más ejemplos encuentres aquí de que esta creencia es falsa, más eficaz será el ejercicio. ¡Investiga!

3. *¿Quién sería y qué crearía sin esta creencia? (Empiezas a darte permiso para vivir sin esta creencia).*

«Sin este pensamiento, me atrevería a lanzar mi tienda online, estaría más presente para mi comunidad y pondría tarifas justas a mis servicios. Cumpliría mi misión de vida, me levantaría con ganas cada mañana y sería la líder que estaba destinada a ser desde que nací».

4. *¿Qué es la verdad o qué me diría mi coach/mejor amiga/el Universo? (Eliges tu nueva verdad, desde tu yo adulta empoderada).*

«La verdad es que soy plenamente capaz de crear todo el éxito que quiero, que toda mi vida me ha preparado para este momento. Mi historia y la experiencia que tengo me permitirán conectar con las personas perfectas para crear más impacto positivo y más éxito de los que jamás hubiera creído posible».

¡Aquí puedes ser tan extensa como desees!

3

Tu cerebro, ¿amigo o enemigo?

Cambia tu cerebro, cambia tu vida.
Dr. Daniel Amen

ZOMBI

Estaba en el metro, de camino al trabajo, con la cabeza pegada al móvil, sin prestar atención a lo que ocurría más allá de la pantalla. Era lunes por la mañana, y lo último que quería era llegar a la oficina. En unos pocos momentos de lucidez, levanté la cabeza para mirar a mi alrededor.

Me encontré con un océano de cabezas agachadas, de móviles encendidos y de pulgares deslizando. Me di cuenta de que no recordaba qué había hecho desde que me había levantado, una hora y media antes. Era como si me hubiera teletransportado al metro, hasta tener ese momento de lucidez, que duró unos segundos.

Unos instantes después, me volví a unir al ejército de pulgares inquietos.

De repente estoy sentada frente a mi escritorio, en la oficina.

«¿He tomado el ascensor? ¿Había alguien conmigo dentro? ¿Ya he dejado mi comida en la nevera de la cocina comunitaria?

Creo que sí. No recuerdo haberlo hecho, pero diría que sí».

El día empieza y me pongo a mandar y a contestar correos electrónicos.

De pronto, estoy delante de la máquina de café, con una barrita de chocolate en la mano.

«¿Cómo he llegado aquí? ¿Qué hora es?».

Son las once de la mañana. Justo a la misma hora que ayer y el día anterior.

Curioso.

A las once y media estoy mirando páginas que no tienen relación alguna con mi trabajo ni me ayudarán a descubrir qué quiero hacer en la vida.

«¿Qué quiero hacer con mi vida?».

No hay tiempo para responder esa pregunta, porque ya son las doce del mediodía, y empiezo a desear que se acabe la jornada. En ese momento miro potenciales planes de fin de semana, los mismos que miré la semana anterior y al final no hice, porque estaba demasiado cansada.

Alguien viene hasta mi escritorio, no recuerdo quién.

Hablamos. Las palabras salen de mi boca, las mismas que el día anterior: «Ya, para lo que nos pagan, que se jodan, en serio», «De todos modos, los jefes son unos egoístas, no les interesa nada nuestra calidad de vida», «Me siguen pagando como una becaria y trabajo doce horas al día», «Ojalá ya fuera fin de semana», «¿Cuándo tienes vacaciones? Me muero de ganas de que lleguen las mías», «No es ni la una y todavía queda toda la tarde... Me muero».

Llega la hora de comer, recojo mi túper de comida preparada y alcanzo a mis compañeras para comer fuera. Nos sentamos en un banco.

Al menos hace sol. Es agradable.

Lo siento en mi cara, y me despierta el segundo momento de lucidez del día:

«¿Qué narices estoy haciendo con mi vida?». Dura un instante.

Hablamos del trabajo y de qué mal está todo.

De repente son las siete y media, no sé cómo ha pasado el tiempo.

Estoy en el metro.

«Al menos no he acabado demasiado tarde hoy, tendré tiempo de hacer algo».

Solo que no.

Regreso directa a casa.

Ceno más de lo que me pide el cuerpo porque la ansiedad del día aún sigue conmigo.

Más bien, la ansiedad de la vida.

Antes de irme a dormir, entre pensamientos de «mañana tengo que...», me llegan los otros, los pensamientos que me impiden pegar ojo.

Siempre llegan en algún momento del día si no me mantengo muy muy ocupada.

Esos de «no sirves para nada», «tu tiempo se está acabando», «¡qué vas a hacer con tu vida!», «no tienes un duro, trabajas todo el día, aún compartes piso con cuatro personas», «no tienes talento, no tienes visión, solo esperas que se acabe cada día, ¡qué patética!», «¿cuánto tiempo vas a seguir así?».

Insomnio.

Como casi cada noche.

Pero al día siguiente no tengo tiempo de pensar en eso.

Porque de nuevo, no sé cómo, estoy en el metro.

Estuve así tres años. No debería decir «así», porque si bien es cierto que el día a día no cambiaba, por dentro yo empeoraba. La ansiedad de vivir una vida sin sentido me mataba. Para olvidarla, tenía mis técnicas: deporte compulsivo y fiesta igual de compulsiva. Si me quedaba parada, mi mente me machacaba con el soniquete de «no sirves para nada», «mira tu vida qué vergüenza, eres un fraude», «siempre serás pobre, siempre estarás sola»...

DESPERTAR

El tercer año, fue cuando vi la luz al final del túnel.

El yoga llegó a mi vida, en el momento de mayor desesperación y autoodio.

Reconecté con mi cuerpo, machacado de dietas y críticas durante los últimos quince años de mi vida. Descubrí que mi mente se podía calmar si me concentraba en mi respiración. Fue como si hubiera aterrizado en otro planeta, uno lleno de colores, en vez del habitual blanco y negro de mi vida cotidiana.

Se volvió mi obsesión-salvavidas.

A partir de ese momento, en vez de mirar planes de fin de semana en mis pausas del trabajo, aprendía sobre energías, leía sobre asanas, pranayama y anatomía. Descubrí qué eran los chakras y que somos más que un cuerpo. ¡¿Somos más que un cuerpo?! ¡¿Todo es energía?!

En vez de estar llena de mis pensamientos destructivos cotidianos, mi cerebro se llenaba y procesaba nuevas informaciones: «inspira, espira», «las torsiones ayudan a la digestión y son buenas posturas de equilibrio entre extensiones y flexiones profundas de la columna», «tenemos grandes centros de energía a lo largo de toda la columna vertebral».

Sentía una fascinación total.

Cada minuto libre que tenía lo ocupaba estudiando todo lo que se podía descubrir acerca de esta disciplina. Iba a trabajar con mi esterilla y mis *leggins* de yoga para, al terminar el día, correr hacia el estudio.

Claro, seguía esperando el final del día.

Seguía esperando el fin de semana.

Y por las noches, a menudo regresaban los «no sirves para nada», «tu hobby está muy bien pero no pagará tus facturas, seguirás atrapada en el mismo bucle hasta el final de tu vida» o «no tienes nada que compartir con el mundo». No iban a dejarme en paz tan fácilmente. Su presencia era menor que antes, pero lo suficiente para seguir con insomnio varias veces al mes y empezar el día siguiente con todo menos ganas de seguir avanzando.

En un momento en el que varios de mis amigos se mudaron a otro país, se hizo más patente mi sentimiento de vacío interior; había llegado a un punto de no retorno.

Pensé: «Tienes que elegir. O te dejas hundir en la depresión o te agarras a tu nuevo salvavidas. ¿Qué tienes que perder?».

Opté por lo segundo y me apunté a un curso de formación de profesora de yoga.

Esto dio a mis días un sentido que tal vez nunca había tenido. «No soy este cuerpo». «Lo que me daña no es lo que me pasa, sino cómo vivo lo que me pasa».

Boom. Mi cabeza explotó.

Quería indagar más y más, así que decidí hacer un viaje a Sri Lanka para adentrarme en la espiritualidad y la filosofía yogui.

En el fondo no quería admitirlo porque sonaba demasiado a cursilada y a estereotipo de *millennial*-blanca-privilegiada, pero quería encontrarme a mí misma.

Y eso fue lo que hice. El viaje fue duro porque tenía más pensamientos negativos que nunca. Parecía que todo lo que había aprendido sobre mí y el yoga, toda la meditación que había hecho, no habían servido para nada.

Tenía la sensación de haber dado pasos de gigante... hacia atrás.

Era el primer viaje que hacía junto con Valerio, mi pareja, que en ese momento estaba en su proceso de manifestación. Justo acabábamos de empezar y se me saltaban todas las alarmas mentales: «cuidado, te va a dejar», «eres demasiado fea», «eres superficial», «si te conociera de verdad, no te amaría», «un día se dará cuenta», «no tienes dinero para hacer este viaje, ¿a quién quieres engañar?»...

En retrospectiva, por ese momento y muchos otros que sucedieron más adelante, ahora sé que la hora más oscura en nuestra mente llega justo antes del amanecer.

Y así fue.

Estaba a pocos días de no volver nunca más a ser la misma.

Nos fuimos a visitar un templo y nos quedamos allí unos días.

Perdidos en una selva exuberante.

Un monje se acercó a nosotros para darnos la bienvenida, me tomó la mano para ponerme la típica pulsera budista de colores amarillo y rojo, y mientras lo hacía, me miraba a los ojos repitiendo un mantra que no entendía.

Medía como máximo un metro y medio, y tenía la cara tan arrugada que solo resaltaba el brillo de sus ojos sonrientes y los tres dientes que dejaba ver su gran sonrisa.

No sé qué era ese mantra; nunca lo sabré.

Lo que sí sé es que ese momento cambió mi vida.

De repente escuché en mi cabeza:

«Si puedo destruirme con mi mente, también puedo crearme».

«Si puedo destruirme con mi mente, también puedo crearme».

«Si puedo destruirme con mi mente, también puedo crearme».

Aquello lo cambió todo. No tenía que ser víctima de una mente que me machacaba. Yo podía ponerla a mi servicio.

¿Qué pasaría si, de repente, toda la energía que empleaba para autodestruirme se volviera energía creadora?

Esta era mi puerta de salida. Algo en mí lo sabía sin la más mínima duda.

De regreso del viaje, empecé a obsesionarme con el estudio de la mente y cómo puede crear nuestra realidad. Biodescodificación, PNL, coaching, constelaciones familiares, sistémica, psicología transpersonal, hipnoterapia... Hice un curso tras otro (aún sigo formándome y nunca dejaré de hacerlo).

Unos meses después del viaje, dejé mi trabajo y me lancé, sin ahorros y sin otro plan que dar clases de yoga.

Puede parecer valiente, pero no tuvo nada que ver con la valentía.

Lo hice porque el dolor de quedarme donde estaba se había hecho más grande aún que el miedo a la incertidumbre de coger las riendas de mi vida y liderarla.

AUTOMATISMOS

Hábitos

Me llevó tres años dejar un trabajo en el que no me sentía realizada desde el día uno. De esos tres años, estuve dos sin buscar una salida, algo así como paralizada en un trance diario ineludible del que no podía escapar.

Sé que para muchas personas, en lugar de tres años, esto puede durar cinco, diez, quince años o toda la vida. Muchas de mis alumnas que tienen cincuenta o sesenta años me comentan: «¡Ojalá te hubiera conocido antes! ¡Es como si mi vida volviera a empezar ahora!».

¿Por qué nos quedamos tanto tiempo estancadas en situaciones y comportamientos que sabemos que no nos hacen bien?

¿Por qué nos cuesta tanto despertar?

Porque vivimos en trance.

La verdad es que por muy inteligentes que nos consideremos como humanos, la mayor parte de nuestra vida se nos pasa en modo piloto automático; desde los gestos que hacemos por la mañana, la ruta que elegimos para ir a trabajar, hasta la tendencia de quedarnos en un grupo de amigos que nos resta energía o en una relación amorosa que no nos llena.

Somos seres de hábitos.

Pero ¿qué son realmente los hábitos?

Son patrones de comportamiento o pensamiento que repetimos tantas veces que se vuelven automáticos. Con automáticos me refiero a que ya ni existe la opción de hacer las cosas de otro modo, ya que ni siquiera nos damos cuenta de que estamos actuando.

Seguro que te vienen a la mente unos cuantos ejemplos, ¿verdad? Fumar, quejarnos, mirar el teléfono justo al despertarnos o antes de ir a dormir, ducharnos nada más levantarnos...

Antes de que emprendas una lucha con tus hábitos o te culpes por tenerlos, quiero que entiendas algo.

Estás programada para tener hábitos.

La evolución lo ha querido así.

Gracias a ellos, hemos sobrevivido y nos hemos desarrollado como especie.

Son necesarios para nuestro funcionamiento óptimo en la sociedad.

¿Te imaginas levantarte cada mañana sin saber cuál es la secuencia de acciones que tienes que hacer para ducharte, vestirte, desayunar, cerrar la puerta con llave y tomar el transporte hasta la oficina o sentarte a tu escritorio en casa?

Qué pérdida de tiempo y eficacia representaría cada mañana, sin contar el estrés innecesario, tener que acordarse conscientemente de «¿qué tenía que hacer ahora?» para cada pequeño gesto.

Si no tuviéramos hábitos, los detalles más simples del día a día nos ocuparían tanto espacio mental que seríamos incapaces de dedicarnos a ninguna otra cosa. Y menos aún pensar en lo que queremos hacer con nuestra vida.

Nuestros hábitos son lo que son. Hábitos. Juzgarlos es inútil.

Nuestra responsabilidad radica no en eliminarlos (sería imposible), sino en reemplazarlos. Es decir, implantar otros hábitos que nos sirvan, en lugar de mantenernos presas en una vida insatisfactoria.

Cuando eliges manifestar algo que aún no forma parte de tu realidad, lo más probable es que tu cerebro, que entiende que tu supervivencia depende de mantener tus hábitos, haga todo lo que esté en su mano para impedirlo.

Y como vimos en el capítulo anterior, cuando una parte de tu mente no está alineada con lo que quieres crear, tu vida se vuelve un constante «quiero, intento, pero no puedo».

¿QUÉ PASA EN TU CEREBRO Y CÓMO LO PUEDES PONER A TU SERVICIO?

Como sabes, no soy científica. Sin embargo, desde el inicio de mi despertar en Sri Lanka, mi mente escéptica me pidió aprender también de ellos para calmar la voz que me gritaba «la manifestación no es más que un pensamiento mágico y no tiene fundamentos reales».

En vez de pelearme con este pensamiento y aceptar solo, por un salto de fe, que podía crear mi realidad, decidí escuchar esta voz. Pero escucharla no en el sentido de dejar que me parara, sino en el de atenderla como a una niña inquieta, enseñarle que se podía tranquilizar y así seguir avanzando, juntas.

¿Lo ves?, el escepticismo no es negativo.

El problema es que la mayoría de las personas que se dicen «escépticas» en realidad se esconden detrás de esta palabra para cerrarse a cualquier nueva idea que no corresponda con su visión del mundo.

Y cuando sabemos que la mayor parte de nuestra visión del mundo se creó cuando éramos niños y todavía no teníamos la capacidad de discriminar o reflexionar, no aceptar nuevas ideas solo por «escepticismo» es lo mismo que dejar que un crío de ocho años siga guiando nuestra vida.

Incluso el escepticismo como doctrina filosófica, que es de donde nos ha llegado esta palabra, se basa en poner en duda hasta lo que nos han enseñado, y no aceptar nada como del todo cierto o falso, sino estar abierto a la duda en todo. Ser escéptica es una cualidad maravillosa si la usamos para descubrir lo que nos permitirá vivir una vida mejor, en vez de quedarnos atrapadas en creencias obsoletas.

Para mí, la mente racional y la fe van de la mano; cuando dejamos de verlas como enemigas y las unimos, aprovechamos plenamente nuestra capacidad manifestadora.

Debo decir que entender —aunque sea de una manera muy básica— cómo funciona mi cerebro fue tremendamente útil para que mis dos partes, la intuitiva y racional, se reconciliaran.

Me di cuenta de que, en muchas ocasiones, las tradiciones espirituales y la ciencia expresan lo mismo, pero con palabras distintas. Mi mente racional-crítica-escéptica se quedó tranquila y, en consecuencia, me pude abrir más aún a la fe de que todo es posible.

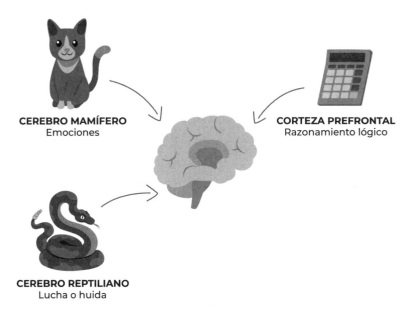

CEREBRO MAMÍFERO
Emociones

CORTEZA PREFRONTAL
Razonamiento lógico

CEREBRO REPTILIANO
Lucha o huida

Por lo tanto, si la palabra «ciencia» te hace salir corriendo, o si esta parte te suena un poco teórica al principio, no te preocupes porque al final del capítulo entenderás, tan claro como el agua, cómo todo ello va a servirte hoy, y cómo puedes aplicarlo a tu vida desde ya.

Podemos decir que, en lugar de un cerebro, tenemos tres.

La mente consciente está relacionada con el córtex y el neocórtex, responsables del pensamiento lógico, racional y estratégico. La mente subconsciente, en cambio, está relacionada con el cerebro límbico, también llamado «cerebro mamífero» (responsable de las emociones) y el cerebro reptiliano (responsable del modo de lucha o huida).*

Los dos últimos (el límbico y el reptiliano) se llaman de manera coloquial el «cerebro primitivo», cuyo nombre recalca que es el responsable de nuestra supervivencia.

Para él, lo importante es la eficacia. Gracias a su acción continua e inconsciente puedes respirar y parpadear sin pensar en ello, tu corazón envía sangre a todos los órganos de tu cuerpo y puedes digerir incluso mientras duermes.

Cuanta menos energía requiere una toma de acción, más «eficaz» la considera. Para él, quemar calorías —es decir, reflexionar, tomar nuevas decisiones y llevar a cabo nuevas acciones— es sinónimo de déficit y, por lo tanto, siempre tratará de evitarlo. Por ende intentará hacerte tomar el camino de menor resistencia, el de tus automatismos.

Debes entender que esta parte de tu cerebro no piensa como tú. A nivel racional, tú sabes que quieres empezar una nueva actividad o encontrar otro trabajo. Pero a nivel inconsciente, tu cerebro considera como sinónimo de muerte inminente cual-

---

* Norman Doidge, *The Brain That Changes Itself: Stories of Personal Triumph from the Frontiers of Brain Science*, Penguin Life, 2007. [Hay trad. cast.: *El cerebro se cambia a sí mismo*, Aguilar, 2008].

quier idea, por remota que parezca, que genere incertidumbre o un mínimo riesgo.

Hay una razón evolutiva a esta tendencia al pesimismo.

En la época de las cuevas, ser optimista y pensar positivo habría podido literalmente acabar con nuestra especie. Ser programados para estar atentos a cualquier peligro potencial era un requisito indispensable para nuestra supervivencia. Cualquier ruido o movimiento entre los árboles podía indicar la presencia de un depredador, y captarlo y reaccionar con rapidez era cuestión de vida o muerte.

Lo que pasa es que hoy, en el siglo XXI, el 99,9 % de las veces se equivoca. Por muy evolucionados que nos consideremos, el cerebro primitivo no ha cambiado casi nada, y no se ha enterado de que en la gran mayoría de los casos ya no hay peligro de muerte real.

Que te ataque un tigre dientes de sable, que lances un proyecto, que intentes levantarte más temprano para entrenar o que empieces una nueva relación, para el cerebro primitivo todo significa peligro.

No hace ninguna distinción entre amenaza «real» o «imaginaria», y reacciona a cualquier riesgo potencial de la misma manera: lucha o huida, liberando hormonas de estrés, activando resistencias y tensiones en nuestro sistema.

A la inversa, cuando eliges el camino de menor resistencia, como quedarte en la cama cuando dijiste que te ibas a levantar o volver a la nevera para comer como una autómata ese trozo de chocolate que sabes que va a darte dolores de barriga, desprende hormonas de placer. Es su manera de premiarte por tomar la decisión más segura.

Por plasticidad cerebral, cada vez que tomas la misma decisión seguida de la misma acción, las conexiones sinápticas correspondientes en tu cerebro se hacen más fuertes, y esto hace que el comportamiento se vuelva más automático y más difícil de soltar.

En esta sociedad microondas, en la que hacemos una compra por internet y recibimos el paquete al cabo de dos días (y si tardamos en recibirlo uno más nos parece que hemos esperado un mes) y nuestra comida favorita puede llegar a casa a cualquier hora (y si debemos esperar más de treinta minutos, cuando llega el repartidor, parecemos más vampiros que personas), estamos programados para quererlo todo rápido y fácil.

Eso significa que estamos programados para fracasar.

Por eso, aunque digas que «no te da la vida» para dedicarte a tu bienestar y desarrollo personal, pasas un mínimo de treinta minutos al día (la media es de más de dos horas diarias)* en las redes sociales deslizando la pantalla, mirando cuentas que te hipnotizan y poniendo en tu carrito productos que no necesitas y, la mayoría de las veces, ni comprarás.

Con cada corazón que recibes, cada mensaje que lees, cada post que confirma tu visión del mundo, cada producto que te promete belleza y felicidad, recibes en recompensa un pequeño chute de dopamina (la hormona del placer).

En cambio, levantarte más temprano para meditar diez minutos, salir de una relación que desde hace años no te satisface, lanzar tu proyecto, escribir tu primer libro o empezar una nueva rutina de ejercicio te darán un chute de cortisol y adrenalina (las hormonas del estrés).

* Documental *The Social Dilemma* (2020).

TU ÉXITO ES INEVITABLE

Y encontrarás excusas para no hacerlo.

Conscientemente, te parece que «no te apetece» y que eliges no hacerlo o que «la vida se ha puesto complicada» y que no te queda otra que abandonar tu idea. Pero lo que ocurre en realidad es que la sabia máquina de tu cerebro primitivo se ha puesto en marcha para controlarte como un muñeco. Siempre con el objetivo de evitar quemar calorías (la meta última del cerebro), en modo piloto automático, tu corteza prefrontal no cuestiona por qué ha tomado tal o cual decisión, y la vida te pasa a ti en vez de pasar para ti.

Cuando tomé la decisión de escribir *Tu éxito es inevitable*, tenía muchísima ilusión. Me vivía de ganas de acompañarte en tu casa, de estar en tu mesita de noche e inspirarte a crear la vida de tus sueños.

Pero de repente, como por arte de magia, una semana después de decidirlo, empecé a estar más ocupada que nunca. Un lanzamiento requirió mucho más trabajo del previsto, nuevas incorporaciones al equipo, visitas de pisos, mudanza, formaciones, certificaciones, temas familiares que gestionar. Hasta enfermé más que en los últimos diez años de mi vida.

Ya me estaba llenando la boca con los típicos «no tengo tiempo», «me pondré de nuevo cuando esté mejor», «estoy demasiado ocupada», «no me da la vida», «no es un buen momento», etc.

Durante meses dejé aparcado el libro con esas excusas que me parecían todo menos excusas. Me parecían la pura verdad. Mi mente sabía qué pensamientos lanzarme para frenarme.

Hasta que salí del piloto automático y me senté a hacerme la pregunta: ¿qué gano sin darme cuenta, por estar tan ocupada que no puedo escribir mi libro?

Para responder hay que dejar el orgullo de lado un segundo.

Porque lo más natural es responder: «¡Nada! ¡Obvio que no gano nada, si es mi sueño escribir un libro, es lo que más quiero! ¡Me fastidia muchísimo no poder ponerme a ello!».

Para resolver esta duda son necesarias dos cualidades. Dos cualidades que no nos gusta aplicarnos a nosotras mismas y que, sin embargo, nos dan la mayor libertad:

La honestidad y la vulnerabilidad.

Con honestidad y vulnerabilidad me respondí a esa pregunta. Me respondí a mí misma: «Lo que gano, al estar tan ocupada siempre, es que no me pongo con mi libro, porque la verdad es que me da un miedo terrible no estar a la altura. Al menos, si no lo intento, no fracasaré. Al menos, si no lo intento, no me llevaré una decepción».

¡Boom! Momento de verdad. Sí, sí que estaba ganando.

Estaba ganando el quedarme a salvo.

Lo que más quiere mi cerebro primitivo.

Lo que tú ves como un sueño que quieres que se cumpla, él lo ve como un peligro de muerte que hay que evitar. Lo habrás entendido, la «cueva» de los cavernícolas, en el siglo XXI, es tu zona de confort. Es ese lugar en el que estás cómoda y puedes funcionar guiada por tus hábitos y automatismos, por muy dolorosos que sean.

Tu cueva es ese trabajo que te chupa el alma pero no te atreves a dejar. Es esa relación que no te llena, pero con la que te sientes más segura que estando soltera. Son esos mismos cuatro bares a los que regresas una y otra vez, aunque te quejes del servicio y la comida. Son esas conversaciones sobre el país y lo mal que está todo, aunque sigues sin tomar la responsabilidad de tu vida. Son tus lamentos sobre tu jefa, sin hacer el más mínimo intento por cambiar de empresa. Son esas amistades que no te aportan ni te apoyan, pero en las que te quedas por costumbre. Son tus dos semanas de vacaciones que saben a libertad porque las otras cincuenta saben a prisión. Es vivir esperando de fin de semana a fin de semana. Es lanzar tu proyecto y decir, poco después, «ya no me motiva» cuando las cosas se ponen serias.

Son tus sueños que, poco a poco, se transforman en remordimientos.

Si no fuéramos seres tan complejos, la historia se pararía aquí.

Nos quedaríamos, sin más, en nuestras zonas de confort, a salvo.

Pero tu instinto de supervivencia no es el único que está al mando.

Su peor pesadilla es su hermano, tu instinto de evolución.

Eres parte de la naturaleza y, al igual que las plantas sigues creciendo hasta el día de tu muerte.

O evolucionas o te marchitas.

Eres parte del Universo, que se expande indefinidamente.

En cada átomo de tu cuerpo reside la voluntad de evolucionar, crecer y expandirse.

Naciste para realizarte.

El malestar que sientes cuando te conformas con «lo que toca», cuando te culpas por querer más, es el síntoma de que luchas contra tu naturaleza más profunda, la de tu alma.

Por eso estás aquí. Porque has despertado.

No hace falta que te arrepientas por no haberlo hecho antes.

Lo has hecho en el momento perfecto.

El número de historias de personas que transformaron su vida después de una catástrofe personal, una enfermedad o un accidente pone en evidencia un dato real: estamos más programados para huir del dolor que para buscar el placer. Tendemos a esperar el punto de no retorno, el punto en el que ya no soportamos una situación, para cambiarla.

Por este motivo suele haber cinco fases del despertar por las que todas y todos pasamos:*

1. **Saciedad.** Es el momento en nuestra vida en el que nada está realmente mal pero tampoco muy bien. Hemos llegado a un *statu quo* y estamos listas para ser, hacer y tener más, pero en ese nivel, al no haber dolor real, es muy poco probable que asumamos grandes riesgos para transformar nuestra vida.

2. **Insatisfacción.** Aquí empezamos a sentir dolor, pero en esta fase solemos culpar a los demás y a las situaciones externas (jefe, trabajo, pareja, gobierno, crisis, etc.) por todo lo que nos pasa. No tomamos aún responsabilidad de nuestras circunstancias, aunque nuestro deseo de cambio empieza a aumentar.

3. **Dolor.** El dolor sigue creciendo y creciendo hasta tal punto que necesitamos un cambio, y lo necesitamos enseguida. Es el momento en el que llegó el yoga a mi vida, porque ya no era capaz de soportar el sufrimiento del día a día. Es este dolor creciente el que nos mueve hacia delante y da lugar a la búsqueda de crecimiento.

4. **Toma de conciencia.** «No soy este cuerpo», «si puedo destruirme con mi mente, también puedo crearme». Es el momento en el que nuestra visión del mundo se transforma para dejar espacio a un entendimiento mayor, que nos

* Las 5 fases del despertar han sido teorizadas por primera vez por el coach Tony Robbins.

conecta más con nuestra alma y nuestro anhelo de evolución. Nos damos cuenta de que el poder de cambiar está en nosotras y reconocemos que existe una Verdad más grande que la perspectiva limitada que hemos tenido hasta ahora.

5. **Apertura.** Una vez que nos reconectamos con la Verdad, se produce una apertura. Es una elección que todas debemos tomar. En *Matrix*, es el momento en el que Neo tiene que elegir entre la píldora roja o la píldora azul. En mi vida, fue decidir entre volver a sentirme deprimida o agarrarme a mi nuevo salvavidas y darlo todo para crear una vida distinta a la que conocía.

La apertura de la etapa 5 no se queda abierta para siempre. La mayoría de las personas están demasiado atadas a sus automatismos y la dejan pasar. Es el momento en el que, en vez de lanzarnos, de repente, necesitamos atender a una tarea de la casa que normalmente evitaríamos a toda costa. Es el momento en el que, en plena inspiración, necesitamos coger el teléfono para ver si alguien nos ha escrito. Es el momento en el que, en vez de invertir en nosotras, decidimos que no es buen momento.

Si no aprovechamos la apertura, más pronto que tarde regresaremos a los niveles anteriores, antes de crear una nueva toma de conciencia (leer este libro, por ejemplo) y volver a tener otra oportunidad de apertura.

Está bien, nos pasa a todas, y la liberación de este patrón empieza por ser consciente de que existe. Ahora que lo sabes, podrás reconocerlo la próxima vez que te ocurra, y podrás elegir aprovechar la apertura.

LAS DOS VOCES EN TU CABEZA: EGO (ESCASEZ) Y SER SUPERIOR (ABUNDANCIA)

A lo largo de mi acompañamiento he descubierto que una de las estrategias más eficaces de nuestro cerebro primitivo para mantenernos a salvo (leer, evitar que aprovechemos las aperturas, y asegurar que nos quedemos en nuestra zona de confort, o en el lugar donde se mueren nuestros sueños) es bombardearnos con pensamientos negativos.

¿Reconoces esa voz en tu cabeza que te dice: «¿Para qué lo intentas, si nunca lo conseguirás»? La misma voz que te compara con las demás y te culpabiliza cuando no eres lo bastante productiva.

La voz que llena tu cabeza de «debería» y «tendría que» que te agotan todo el día.

Esa voz es tu Ego. Dicho en otras palabras, el Ego es la voz de la parte de tu psique cuya función principal es mantenerte a salvo. Es decir, ni feliz, ni exitosa ni abundante; solo viva. Escuchar esta voz también se ha vuelto un automatismo.

Tenemos alrededor de sesenta mil pensamientos diarios, de los cuales el 90 % son repetitivos. De ese 90 %, ¡hasta el 85 % suelen ser negativos!* Quiere decir esto que puedes tener cerca de cincuenta mil pensamientos negativos ¡cada día!

Y sabiendo cuál es su rol en la creación del árbol de nuestra vida, ¡no nos sorprendamos por no obtener los resultados que deseamos!

En tu mente dialogan la voz de tu Ego (que guía el instinto de supervivencia) y la voz de tu Ser Superior o de tu Intuición (que

---

* <https://www.forbes.com/sites/christinecomaford/2012/04/04/got-inner-peace-5-ways-to-get-it-now/?sh=773fcea36672>.

guía el instinto de evolución y realización). También se pueden ver como la voz del Miedo y del Amor, o la voz de la Escasez y de la Abundancia.

La gente piensa que es difícil diferenciarlas, pero son tan distintas, que lo más probable es que las sepas reconocer sin problemas a partir de hoy.

La voz del Ego (el Miedo):

- Imagina lo peor (se centra siempre en lo que podemos perder).
- Es frenética, intranquila y habla con urgencia.
- Lucha contra el cambio y busca el *statu quo* permanente.
- Usa las excusas más lógicas para evitar que actuemos fuera de nuestra zona de confort.
- Se centra en el qué dirán.
- Teme a los retos y huye de los problemas.
- Busca la perfección, la rapidez y el reconocimiento exterior.
- Se basa en los dolores del pasado más que en los aprendizajes adquiridos.
- Se queja de todo y no reconoce su responsabilidad para crear cambio.
- Se centra en las circunstancias externas y las toma como argumentos para convencernos de que lo que queremos no es posible.
- Pone el énfasis en los problemas. Para cada solución tiene diez problemas.
- Activa la respuesta de miedo y ansiedad en nuestro cuerpo ante cualquier novedad.
- Nos recuerda dolores y fracasos pasados para aumentar la aversión que le tenemos al riesgo.
- No da opción, el mundo es blanco o negro.

La voz de la Intuición (el Amor):

– Es neutra, tranquila o emotiva.

– Es sutil y paciente, nos deja tiempo y espacio para reflexionar y elegir.

– Imagina lo mejor, lo que puedes ganar y aprender de cada situación.

– Busca los retos y las salidas de nuestra zona de confort.

– Se centra en el crecimiento y el aprendizaje.

– Genera calma en el cuerpo y un sentimiento de paz aunque tengamos que tomar decisiones difíciles.

– Se centra en nuestra capacidad de crear cambios más allá de las circunstancias que nos rodean.

– Está orientada a soluciones. Para cada problema tiene diez soluciones.

– Pone el foco en la realización de nuestros deseos y nuestro potencial.

– Está cómoda en la incomodidad del cambio.

– Puede parecer ilógica, ya que viene de una sabiduría más allá del intelecto.

– Toma decisiones con soberanía personal, más allá de la opinión de los demás.

Cada vez que elegimos nutrir los pensamientos del ego, las conexiones neuronales que se corresponden con la mente de escasez se hacen más grandes en nuestro cerebro y fortalecemos el automatismo.

Es un dato real que tenemos tres veces más probabilidad de dejar una reseña negativa para un producto que no nos gustó que de escribir una positiva para uno que nos encantó, y hacen falta aproximadamente cuarenta reseñas positivas para «anular» una negativa en la mente de futuros consumidores.*

Eso es porque hemos programado nuestro cerebro para que ponga más atención en lo negativo, una y otra vez.

Y lo que piensas, lo creas.

Entonces ¿qué estás creando en este momento?

ENTRENA TU CEREBRO COMO UN CACHORRO

Imagina que acabas de adoptar un cachorro. Tiene unos meses, es la cosa más tierna que has visto en tu vida. Estás muy ilusionada, pero a las pocas horas ya se ha meado por la casa. Es natural, nadie le enseñó que no se podía.

Pues con tu cerebro sucede lo mismo. En este preciso momento está en plena incontinencia de pensamientos negativos.

¿Y cómo iba a hacerlo de otra manera? Hasta ahora, nadie le ha enseñado que no se podía. Al revés, se le enseñó, día tras día, que eso era justo lo que debía hacer.

Pero tengo una buena noticia: en los últimos cuarenta años han aparecido cada vez más investigaciones que demuestran que nuestro cerebro se reorganiza anatómicamente con la experiencia. Se trata de la neuroplasticidad o plasticidad cerebral, descubierta en 1964 por la neurocientífica Marian Diamond, gracias a la cual sabemos que no somos esclavos de ninguno de nuestros patrones, y que siempre tenemos el poder de cambiarlos.

El cerebro humano contiene más de ochenta mil millones de

---

* <https://www.inc.com/andrew-thomas/the-hidden-ratio-that-could-make-or-break-your-company.html>.

neuronas, que se reorganizan constantemente a través de la experiencia real o imaginaria. Cada vez que tomamos de nuevo la misma decisión (ya sea pensamiento o acción), la conexión neuronal que corresponde a este comportamiento se refuerza. Y cada vez que se refuerza, se vuelve más y más fácil de usar y, por lo tanto, más automática.

Podemos ver las conexiones sinápticas como si fueran unas carreteras que pasan por la tierra fértil de nuestro cerebro. Cada vez que un pensamiento circula por una de esas, la hace más grande, más limpia y más sólida. Al igual que en las autopistas pasan más coches que en los caminos de tierra, cuanto más limpia, grande y sólida se hace la carretera, más pensamientos transitarán por ella.

Están las carreteras de «no soy lo bastante...», «la vida es difícil», «no puedo ser feliz en el amor», «emprender es peligroso», «tengo que ser perfecta para valer», «no soy capaz de comprometerme con nada a largo plazo», «nunca seré rica», etc. Todas ellas van creciendo cada vez que creamos un pensamiento afín. Y cuanto más se alimentan, tanto más automático se hace para nuestra mente crear pensamientos parecidos.

Menos mal que también existen otras carreteras.

Las hemos usado tan poco que por ahora se parecen más a senderos en mitad del bosque, llenos de telarañas y rodeados de ruidos extraños. Dan miedo porque no son conocidas. Transitarlas requiere más esfuerzo que circular por una carretera que es mucho más familiar, ancha y limpia.

Estos son los caminos de «soy suficiente siempre», «me amo tal y como soy», «el dinero es un recurso ilimitado y siempre viene a mí», «soy un imán para la riqueza», «todo lo que toco se vuelve oro», «mi éxito es inevitable», «siempre hay suficiente para todos», «merezco amor siempre», «atraigo las relaciones perfectas», «soy creativa e inteligente», «es fácil conseguir todo lo que quiero», «estoy comprometida con mis sueños», etc.

Esos caminitos esperan a que los uses. Cada vez que eliges un pensamiento afín, construyes tu nuevo automatismo. El sendero del bosque se hace más limpio, más ancho, más grande. Cuanto más limpio, más ancho y más grande, más natural será tener otros pensamientos parecidos. Hasta tal punto que, al cabo de un tiempo, las grandes carreteras del pasado quedarán desiertas y los caminos se volverán tu nuevo piloto automático.

Así, tu cerebro identifica que el camino de menor resistencia —el de quemar menos calorías— es el de la abundancia. Y cuando el camino de menor resistencia de tu cerebro es el de la abundancia, lo más difícil es tener pensamientos de escasez y limitantes.

¡Maravilloso!, ¿no crees?

Y como si no fuera lo bastante milagroso, hay un truco para que ese nuevo programa se instale más rápido. Como ves, la repetición y la paciencia son claves para ir una y otra vez cogiendo el camino menos transitado. No es una tarea que se haga de un día para otro, sino una verdadera reeducación del cerebro.

Pero tenemos a nuestra disposición otra herramienta que nos facilitará la tarea. Se trata de la emoción, que actúa de varita mágica aceleradora de todo proceso de reprogramación. Es un arma secreta que nos permite implantar con mucha más fuerza cualquier idea que queramos en nuestra mente subconsciente. Cuando una emoción poderosa se dispara unida a una idea o imagen mental, permite crear nuevas conexiones sinápticas con más rapidez y potencia.

Por lo tanto, cada vez que celebres el logro de haber tenido un pensamiento empoderador, estarás pirateando tu cerebro para el éxito.

El doctor Rangan Chatterjee, en su libro *Feel Better in 5*, cuenta que uno de sus pacientes hacía una sentadilla cada vez que iba al baño, para integrar el hábito de hacer deporte, y luego se abrazaba y se decía: «¡Soy un *crack*, soy el mejor del mundo!». Parece una tontería, pero le producía tal chute de oxitocina y bienestar que no solo consiguió disfrutar haciendo sentadillas, sino también practicando deporte y cuidándose. Se sentía tan exitoso, era tan exitoso y sano en su mente, que hacer deporte se volvió inevitable, fácil y agradable.

¿Cómo cambiaría tu vida si te consagraras más a tus sueños que a tus limitaciones?

Sí, puede llevar tiempo hacer este reseteo interior, y los científicos no se ponen de acuerdo sobre la duración media necesaria para crear esos nuevos hábitos. Lo que yo he experimentado es que el día que empiezas a tomar conciencia ya ves los primeros resultados, y luego, aunque haya altibajos en el camino, sigue mejorando. Se trata de mantener y nutrir ese nuevo programa a largo plazo.

Es como ir al gimnasio; la primera semana ya sientes una diferencia, aunque te cueste un poco, y cuantas más veces regresas, más enérgica y vital te sientes. Si dejaras el deporte, tus músculos no se mantendrían fuertes y sanos, y si dejas de cuidar tu mente, tus nuevos caminos volverán a quedar intransitados y llenos de telarañas.

Es una práctica para toda la vida. Pero más que como una práctica, yo lo veo como un regalo.

Cada vez que decido nutrir mis nuevos caminos de abundancia —elegir un nuevo pensamiento, leer un libro empoderador, escuchar un pódcast inspirador, invertir en mí—, recibo un regalo.

El regalo de liberarme de mis automatismos de escasez.

El regalo de descubrir tesoros en mi interior que nunca hubiera imaginado tener.

El regalo de conseguir siempre más de lo que creía posible.

Tu algoritmo de Google Integrado

Todos los días nos llegan incontables oportunidades, bendiciones, privilegios y sincronicidades. Pero ¿cuántos de ellos somos capaces de reconocer y aprovechar?

El cerebro humano procesa tantos datos en treinta segundos como el Telescopio Espacial Hubble de la NASA ha procesado en su vida entera.* Vivimos en un constante bombardeo de información y más en nuestra vida moderna, pegados siempre a las pantallas.

Para que nos podamos centrar en lo importante, es necesario que nuestro cerebro tenga un filtro. De los 11 millones de bits de información que procesa la mente subconsciente por segundo, este filtro deja pasar hasta la mente consciente tan solo entre 40 y 50 bits. A nivel matemático, eso representa literalmente un 0,000000 y tantos otros 0 % que la cantidad es nula. O sea que podemos decir sin vergüenza que no nos enteramos de nada.

Nuestro cerebro está bien capacitado para elegir a qué prestar atención y a qué no; tenemos nuestro propio algoritmo integrado.

Así como Google te enseña la publicidad y la información basadas en tus preferencias, tu sistema de activación reticular te enseña la vida en función de lo que cree que te resulta importante.

* Cita del neurocientífico Konrad Körding.

¿Alguna vez te ha sucedido que estabas trabajando concentradísima en una cafetería y no te diste cuenta de cuánto ruido había alrededor hasta el momento de cerrar el ordenador y escucharlo todo de golpe?

O ahora mismo, mientras lees este libro, y no eras consciente del tacto de la ropa contra tu piel hasta que te lo he comentado.

O al enterarte de que una amiga estaba embarazada y empezaste a ver embarazadas por todas partes.

O cuando has decidido viajar a cierto país y parecía que todo el mundo hablaba de ese destino.

No es que el mundo haya cambiado, es que tu centro de atención se ha movido.

Si quieres dominar tu vida, debes dominar tu centro de atención.

¿Cuántas veces pones el foco en lo que no quieres en vez de en lo que sí quieres?

Con cada queja y cada futuro negativo que imaginas, estás pidiendo a tu SAR (Sistema de Activación Reticular) que te proporcione más razones para estar insatisfecha y más maneras de manifestar el fracaso.

Y al revés, cuanto más te centres en lo que deseas, más posibilidad tendrás de crearlo en tu vida. No porque se materialice por arte de magia, sino porque tu cerebro te dejará ver todas las oportunidades que antes pasabas por alto y podrás aprovecharlas para crear una vida mejor.

Sara Blake, CEO de Spanx y multimillonaria hecha a sí misma, afirma: «Con cada obstáculo que acontece en mi vida, mi cerebro se hace automáticamente la pregunta: ¿dónde está la bendición? Y ¿qué más bendiciones me esperan?».

Imagina el poder de esta pregunta para enseñarle a su SAR en qué centrarse cada día.

Para ayudarte más, aquí encontrarás algunas maneras de entrenar a tu SAR:

1. Celebra cada uno de tus logros, por pequeño que sea.
2. Haz un tablero de visión con lo que deseas manifestar en tu vida.
3. Elige pensamientos de abundancia.
4. Da las gracias todos los días por lo que tienes y lo que está por llegar a tu vida.
5. Visualiza tu vida con tus deseos ya cumplidos.

Antes de dejarte con ejercicios para que pongas todo eso en práctica, quiero detenerme un momento en una práctica tan sumamente importante para la reprogramación cerebral y la manifestación como es la visualización.

Visualiza, siente, y vive

La visualización es una de las herramientas de manifestación más respaldada por las pruebas científicas y con un uso más generalizado entre las personas más exitosas del planeta, desde deportistas de alto nivel hasta actores de Hollywood, pasando por los CEO de las mayores empresas del mundo.

«La visualización nos ayuda a canalizar la ley de la atracción, y actuar desde una perspectiva de abundancia y optimismo. Nos permite dirigir nuestra atención hacia lo que deseamos y superar la tendencia del cerebro a protegernos de lo nuevo y de los retos», explica Tara Swart, neurocientífica que acumula más de veinte años de experiencia en la práctica psiquiátrica y la investigación. Ha dedicado una gran parte de su carrera a enseñar que las tradiciones espirituales y los fundamentos de la manifestación, como la visualización o el usar la mente para crear nuestra vida, tienen una base científica demostrable.

Swart explica que la visualización es tan útil para reprogramar la mente porque el cerebro no distingue entre una experiencia imaginada o una experiencia realmente vivida.

Tiene dos grandes ventajas de cara a la programación para el éxito.

La primera, como bien sabes ahora, es que le enseña a nuestro SAR lo que es importante para nosotras, y así lo incita a mostrarte más maneras de conseguirlo.

La segunda es que, al vivir en nuestra mente la realidad que queremos crear, permitimos al cerebro verla como algo familiar, y apagar sus respuestas de lucha o huida cuando nos encontremos actuando frente a esta situación. Desactivamos así el autosaboteo y nos permitimos evolucionar.

Me encanta ver que cada vez es mayor el número de personas que la usan como un ritual para manifestar sus objetivos.

Oprah Winfrey atribuye a la visualización el haber obtenido su primer papel cinematográfico en la película *El color púrpura*, que le valió una nominación en los Óscar.

«Mi imaginación siempre me ha mantenido en marcha. Me imaginaba recogiendo premios. Me imaginaba a mí mismo obteniendo papeles importantes. Eso es parte de mi magia interior. Si puedo verme haciéndolo, puedo hacerlo», dijo también Idris Elba, actor, cantante y productor americano, ganador de más de veinte premios.

El nadador profesional campeón mundial Michael Phelps comentó en una entrevista: «Además de mi preparación física, es la preparación mental lo que me permitió ganar veintitrés medallas de oro en los Juegos Olímpicos». Visualizaba cada detalle de la carrera incontables veces antes de ir a dormir, incluyendo soluciones a cualquier posible dificultad que pudiera encontrar en la piscina. Lo había visualizado tanto que ya había ganado muchas veces en su mente antes de que aconteciera en la realidad.

Ya ves; si quieres manifestar algo, la visualización será de tus mejores aliadas.

Pero ¿cómo hacer para que la visualización sea realmente eficaz?

Leyendo las citas de arriba, ya tienes varias pistas.

Todos mencionan la idea de «vivirlo en la cabeza», es decir, vivirlo como si estuvieran allí de verdad.

El truco es engañar al cerebro para que piense que está viviendo la experiencia.

¿Cómo engañar al cerebro? Pues usando los principales puntos de contacto con el mundo de que dispone: los sentidos.

Para que una visualización sea lo más eficiente posible, debes ver la imagen del momento, imaginar los olores, el tacto y, si puedes, hasta el gusto. Cuántos más sentidos estén involucrados, mejor, ya que de este modo la experiencia será más real para tu cerebro.

Y, sobre todo, céntrate en sentir las emociones que tendrás cuando lo hayas conseguido.

Por ejemplo, si quieres manifestar un embarazo, visualiza el momento de tener en brazos a tu bebé, sentir el tacto de su piel contra la tuya, oler el perfume de su cabello y sentir el amor que se expande por tu pecho al mirarlo. No importa que la cara o el cuerpo de tu bebé no estén muy definidos, lo importante es que tu cerebro asocie emociones positivas y hormonas placenteras con ese acontecimiento.

Si quieres un nuevo trabajo, no te preocupes si no conoces todos los detalles. Céntrate en percibir cómo te sentirás al tenerlo.

Tener un ritual antes de dormir en el que visualices tus deseos, aunque sea unas cuantas veces a la semana, pondrá en marcha la maquinaria sofisticada de tu cerebro para manifestar tu mejor vida.

Para ayudarte a visualizar, he creado una visualización guiada en audio especialmente para ti ☺, la puedes descargar en <librotuexitoesinevitable.com/visualización> y hacerla una vez al día.

Ya sabes lo que viene ahora, ponte la mano en el corazón y repite en voz alta:

«¡Mi éxito es inevitable y siempre estoy en el buen camino!».

SI ELLA PUEDE, TÚ TAMBIÉN

Myriam

De cómo Myriam pasó de vivir en una relación tormentosa con su pareja a conseguir separarse, vivir en un piso ella sola con sus hijos y manifestar el trabajo perfecto para ella.

«Estaba en un bucle negativo que no parecía tener fin. Tenía un trabajo en el que sentía muchísima presión y en el que mi jefe me trataba como si no valiera nada. Sentía que mi autoestima estaba por los suelos y mi estado empeoró hasta que acabé de baja por depresión. Poco después me despidieron y mis ataques de ansiedad se multiplicaron. Mi mente me lanzaba pensamientos continuos según los cuales no valía nada. Lo veía todo como un callejón sin salida y, a pesar de este malestar, no conseguía actuar para salir de este bucle. Me sentía tan poco merecedora y me quedaba bloqueada en este día a día. Hasta era incapaz de dormir sola, no lo podía hacer sin medicación, a la que estaba enganchada.

»Para colmo de males, en ese entonces también estaba atrapada en una relación tóxica y tormentosa con el padre de mis hijos.

»Lo primero que decidí, cuando empecé a reprogramar mi cerebro para crear la vida que quería, fue separarme. Como aún no tenía los medios económicos necesarios, quería manifestar un sitio donde vivir con mis hijos, y volver a casa de mis padres no era una opción.

»Empecé a visualizar una casa en un determinado lugar en el que quería estar. Cada día me veía en mi mente en un piso para mí y para mis hijos.

»Al mismo tiempo, empecé a entrenar mi mente para ver que era merecedora, y lo sentía cada vez más.

»Y el milagro sucedió. Volvió a aparecer en mi vida, por "causalidad", una persona a la que llevaba muchísimos años sin ver, amigo de la infancia. Al retomar la relación y saber de mi situación, me ofreció un piso exactamente donde quería, en el que podía vivir con mis hijos el tiempo necesario, y empezaría a pagarle cuando encontrara trabajo. Algo increíble, ya que los alquileres en mi zona para una sola persona con dos niños son prohibitivos.

»Pues bien, no solo me mudé, sino que, a los pocos meses, también manifesté un nuevo trabajo que me encanta, con un jefe y unas compañeras maravillosas, ¡y en el que me siento valorada, respetada y muy bien remunerada!

»Mi consejo es que nos demos cuenta de que el mayor regalo que una puede hacerse en la vida es aprender a verse merecedora, capaz, empoderada, libre y exitosa. Tenemos la capacidad de cambiar nuestra vida, desde dentro hacia fuera.

»Todo es posible, y si es posible para mí, también lo es para ti».

LAS GRANDES IDEAS DE ESTE CAPÍTULO

- Tu cerebro primitivo considera el hecho de ir a por tus sueños como un peligro de muerte. Hará todo lo posible para mantenerte en tus automatismos.
- Gracias a la plasticidad cerebral, puedes ponerlo a tu servicio y cambiar tus hábitos limitantes por hábitos empoderadores.
- La Voz de tu Ego, es la voz de tu instinto de supervivencia o de la escasez. Se centra en lo negativo, habla con urgencia, lucha contra el cambio y crea una sensación de ansiedad en tu cuerpo.
- La Voz de tu Intuición, es la voz de tu instinto de evolución o de la abundancia. Habla con tranquilidad, se centra en lo que puedes ganar y aprender, a menudo no tiene sentido lógico y crea expansión, emoción o tranquilidad en tu cuerpo.
- Tu Sistema de Activación Reticular (SAR) es tu algoritmo integrado de Google. Cuánto más le enseñes a centrarse en la abundancia, más te guiará en tu camino para crearla.
- La visualización es una de las maneras más potentes y científicamente probadas de canalizar la ley de la atracción y reprogramar tu cerebro para el éxito.

Ejercicio para poner tu cerebro al servicio de tus manifestaciones

1. *Crea un tablero de visión* con imágenes de todo lo que quieres manifestar en tu vida. Se puede hacer fácilmente en <canva.com>, de manera gratuita, eligiendo fotografías en Google Image, o plataformas como <unsplash.com>.

Para seleccionar tus imágenes, céntrate más en la emoción que te produce la imagen que en su estética o exactitud para representar tu objetivo.

2. *Empieza un diario de abundancia.* En él escribirás cada día todas las bendiciones y éxitos que lleguen a tu vida, desde los más insignificantes hasta los más impresionantes (desde haber conseguido despertarte a la hora que te prometiste hasta que te inviten a un café, te propongan un ascenso en el trabajo o te encuentres diez céntimos en la calle). El inconsciente no distingue entre grande o pequeño; eres tú la que puede entrenar la mente para que se centre en la abundancia que te rodea. Cada vez que eliges ver la abundancia, te abres a dejarla entrar más y más en tu vida.

3. *Elige un hábito que te ha costado integrar y asócialo con algo que amas.* ¿Deseas manifestar una salud perfecta y por eso quieres empezar a ir al gimnasio? Proponte este momento como una posibilidad para ver tu serie favorita en el móvil mientras corres en la cinta.

¿Quieres manifestar más riqueza y aprender a gestionar tu dinero? Prepárate tu bebida y tu música favoritas antes de sentarte a mirar tus cuentas.

Ah, y escoge día y fecha en que lo harás; si no está en la agenda, nunca pasará.

4. Vete a <librotuexitoesinevitable.com/visualización> para descargar tu meditación de regalo y hazla cada día hasta que sientas que lo que quieres manifestar ya ocurrió con certeza en tu mente.

4

Ábrete a las infinitas posibilidades

Si quieres entender los misterios del Universo, piensa en
términos de energía, frecuencia y vibración.
Nikola Tesla

REALIDADES PARALELAS

En una de esas noches Netflix en las que pasamos más tiempo decidiendo qué ver que viendo la película elegida, me encontré con *Yesterday*. No es que sea especialmente buena, pero la historia es muy reveladora.

Jack Malik es un cantautor fracasado que reside en una ciudad costera de Inglaterra. Uno tras otro, todos sus intentos de vivir de su música han fracasado durante más de una década: oportunidades perdidas, conciertos a los que nadie asiste, productoras de música que rechazan sus propuestas... Sea lo que sea que intente, parece que nada funciona. De modo que se ve obligado a trabajar en un supermercado para subsistir.

El día en que está a punto de abandonar para siempre su sueño, durante un apagón mundial de varios segundos, un camión golpea a Malik mientras conduce su bicicleta. Debido a la potencia del impacto, cae al suelo inconsciente. Después de despertar de un coma que ha durado varios días, pasa la tarde con sus amigos y les canta «Yesterday», de los Beatles.

Todos quedan asombrados ante la maravillosa canción y Malik se da cuenta de algo impensable: nadie conoce a los Beatles.

Mira en internet y... nada. No han existido nunca.

Entonces ve una oportunidad perfecta para cumplir sus sueños de grandeza: se apropia de todas las canciones del grupo mítico y, en un tiempo récord, se hace famoso en el mundo entero. La gente vuelve a vivir y a encontrar la alegría gracias a unos temas que encantan a todos sin excepción.

Hacia el final de la película, alguien le da una misteriosa dirección y le dice que vaya a ver al señor que vive allí. Malik llega a esa casa, modesta pero hermosa y acogedora, al lado del mar, y quien sale a recibirle es John Lennon, con setenta y ocho años.

Malik, asombradísimo, le pregunta si está feliz con su vida. El cantante, en esa versión de la realidad, es pescador, tiene una familia y, como es obvio, no lo asesinaron cuando tenía cuarenta años. De hecho, nunca conoció a los otros miembros de la banda.

Al igual que en la película, ahora mismo, en el campo cuántico, existen en paralelo infinitas realidades posibles para tu vida.

Existe la probabilidad de una realidad en la que vives tus sueños más locos, tienes todo el dinero que deseas, la pareja de tus sueños, una casa más bonita de lo que nunca habrías imaginado, una salud ideal, el grupo de amigos más divertidos y amorosos, te dedicas a tu pasión en la vida y vives con propósito y con alegría.

También existen otras infinitas probabilidades, con todas las posibles versiones de ti.

La versión en la que te va fenomenal en el trabajo, pero no en tus relaciones, o viceversa.

La versión en la que tu salud es perfecta, pero tu economía no parece seguir el mismo ejemplo.

Y también existe la versión en la que ninguna de las áreas de tu vida es la que quieres. Es la versión de tu vida en la que, como Malik, nunca tienes suficiente dinero, tiempo, amor, diversión, vitalidad, satisfacción en tus relaciones y en tu trabajo.

LA MAGIA DEL CAMPO CUÁNTICO

> La verdad de los átomos es que no son reales. Forman un mundo de probabilidades y posibilidades, y no son ni hechos ni materia.
>
> WERNER HEISENBERG,
> premio Nobel de Física

Tal vez hayas oído hablar del experimento de la doble rendija, que se hizo por primera vez en 1801. Por aquel entonces, los resultados del experimento contradecían tanto todo lo que se sabía acerca de la realidad que los científicos pensaron que se habían equivocado. No quisieron llegar a las conclusiones que revelaba el experimento y lo declararon falso. Desde ese momento hasta hoy, múltiples equipos de científicos del mundo lo han reproducido centenares de veces y todos han llegado a la misma conclusión: lo que ves como materia es una ilusión, todo lo que crees material en realidad es energía vibrando.

Descubrieron que el 0,000000001 % de los átomos (el núcleo) que era considerado como materia, resulta que también es energía. Se dieron cuenta de que lo que consideraban partícula, en realidad cambiaba su estado de partícula a onda, es decir, de materia a energía. Pasaba de ser solo probabilidad en el campo cuántico (energía) a materializarse en la tercera dimensión (materia).

Lo más asombroso es que consiguieron determinar qué hacía que la energía se materializara en un determinado lugar. Descubrieron que para que la energía se transformara en materia necesitaba ser observada.*

En el pasado, los físicos habían celebrado el descubrimiento del cuanto como la partícula más pequeña del Universo. Hoy saben que nunca encontraremos tal partícula.

Mientras estemos observando, otra partícula será creada.

Así de poderosos somos.

Así de poderosa eres.

Tienes el poder de crear materia.

Tienes el poder de crear realidades infinitas.

Si entrenas tu mente para observar lo que quieres, en vez de centrarte siempre en lo que no quieres, tienes el poder de crear tu versión de la vida que sueñas.

Donde pongas tu atención, dirigirás la energía.

Donde dirijas la energía, crearás materia.

Así creas tu realidad, momento tras momento.

Todas las probabilidades de tu vida existen, aquí y ahora, esperando a que las observes.

El experimento teórico del físico cuántico austríaco Erwin Schrödinger explica nuestra forma innata de crear la realidad. Según este experimento, un gato está encerrado dentro de una caja con una bomba tóxica que explotará si toca un botón. Si el gato toca el botón, muere. Si no lo toca, continuará vivo.

La conclusión de este experimento es que (por muy loco que parezca), mientras esté en la caja y nadie lo observe, el gato

* Este fenómeno se llama el «efecto observador» en física cuántica.

está a la vez muerto y vivo. Las dos posibilidades existen simultáneamente.

Solo en el momento en que alguien abra la caja y observe al gato, una de las dos posibilidades se materializará: el gato estará vivo o muerto.

Al centrarse en una de las dos potencialidades, el observador ha elegido una de las realidades. Según la expectativa del que abra la caja («tengo miedo de que el gato esté muerto» o «estoy convencida de que todo saldrá bien»), la realidad correspondiente se materializará.

En la vida, elegimos constantemente qué realidad observamos, y, por lo tanto, la materializamos.

Tenemos acceso a las infinitas posibilidades del campo, incluidas las más hermosas.

Si nos centramos siempre en lo que no tenemos, lo que no somos y lo que no conseguimos, observamos una y otra vez la misma realidad.

Vemos siempre el «gato muerto», que equivale a la versión de nuestra vida en la que no disfrutamos de los resultados que deseamos.

Tomamos como referencia nuestras circunstancias actuales para decidir lo que es posible en el futuro sin darnos cuenta de que así nos condenamos a repetirlas.

No usamos el campo cuántico a nuestro favor.

Nosotras mismas creamos un impedimento para generar nuestro paraíso.

Muchas veces nos escondemos detrás del «realismo» para justificar esa falta de confianza en que el futuro puede ser brillante. Pero el realismo no es más que un conjunto de creencias acerca de lo que es posible; creencias aceptadas de manera inconsciente por un grupo —familia, sociedad— y basadas en lo que vivieron en el pasado.

El realismo no existe. Es una percepción de la mente.

Siempre me dijeron que fuera realista.

Siempre respondí que nadie creó la vida de sus sueños siéndolo.

No creo en el realismo.

El realismo no tiene nada que ver con la realidad.

La realidad es lo que quieres que sea.

O, más bien, lo que crees que será.

Si quieres seguir siendo realista, no necesitas este libro.

No necesitas coaches ni desarrollo personal.

No necesitas nada para volver a crear lo que ya has creado o para seguir el camino «lógico» (tal porcentaje de crecimiento en tu empresa, tal mejora de tu casa, círculos de amistades, etc.). Porque el camino lógico es el que ya estás observando.

No necesitas ayuda para llegar hasta allí y, a buen seguro, seguir ese camino no es lo que te emociona por la noche antes de dormirte.

Si estás leyendo este libro es porque no quieres seguir viviendo la trayectoria ya trazada.

Así pues, ha llegado el momento de que dejes de ser realista.

Cuando empiezas a observar lo que sí quieres, empiezas a mover el campo cuántico a tu favor. Destapas el poder de crear un mundo a la altura de las posibilidades que existen para ti.

Y si te confunde, no te preocupes, el propio Schrödinger dijo: «Si no estás completamente confundido por la física cuántica, es que no has entendido nada en absoluto».

Estar confundida es una buena señal, indica que estás aprendiendo algo nuevo. Lo contrario significa que estás repitiendo los mismos patrones de siempre. Y el crecimiento no reside ahí.

Repite conmigo: «A la mierda el realismo; desde hoy observo la realidad que yo deseo».

ATRACCIÓN Y VIBRACIÓN

Nuestra vida entera está dominada por fuerzas invisibles. Aquí van algunos ejemplos:

- La radiación: si no hubiera suficiente, no podríamos vivir en la Tierra, y si hubiera demasiada, moriríamos.
- La gravedad: si no hubiera suficiente, flotaríamos en el espacio, y si hubiera demasiada, estaríamos aplastadas en el suelo. En ambos casos moriríamos.
- La electricidad: si no existiera, no podríamos tener comida en la nevera, ni internet, ni luz.
- Las emociones: el amor y el odio son de las fuerzas más poderosas que despiertan los actos más bondadosos o más destructivos.
- Las ideas: todo lo que existe a tu alrededor ahora mismo ha llegado a ti porque antes alguien tuvo la idea de crearlo.

¿Hasta cuándo seguiremos minimizando el valor de lo invisible en nuestra vida?

La ley de la atracción, que tan esotérica se considera, no es más que otra de esas fuerzas invisibles que dominan nuestra vida. Cada objeto, cada sonido, cada color, cada ser vivo tiene su impronta energética única: su vibración.

En un artículo publicado en la revista *Scientific American* en diciembre de 2018, el profesor Jonathan Schooler, de la Universidad de Santa Bárbara, California, escribe: «Los hippies tenían razón. Todo tiene que ver con la vibración».* Y a continuación explica que, a largo de más de una década de investigaciones, él y su equipo confirmaron la teoría según la cual toda energía y toda materia se rigen por un mecanismo vibracional. Absolutamente todo: animales, personas, metales, aire, tierra, etc. A nivel subatómico, todo se mueve constantemente; también lo que parece estar inmóvil.

Lo que más nos interesa aquí es que pudieron comprobar lo que nosotras, frikis espirituales, no necesitábamos ver para creer: lo que vibra a una frecuencia similar se atrae. Cuando las vibras emiten la misma frecuencia, ocurre lo que los científicos llaman «coherencia». Es decir, que se comunican. Intercambian información. Se hablan.

Esto ocurre hasta en tu propio cuerpo. La coherencia entre corazón y cerebro es lo que permite al cuerpo entrar en un estado de autosanación, responsable de curaciones milagrosas.**

Más allá de tu cuerpo, te comunicas sin tregua con el campo cuántico a través de tu vibración.

En palabras del biólogo Bruce Lipton: «Los físicos cuánticos descubrieron que los átomos físicos están formados por vórtices de energía que giran y vibran constantemente; cada átomo es como una peonza que gira e irradia energía. Debido a que cada átomo tiene su propia firma de energía específica (oscilación), los conjuntos de átomos (moléculas) irradian colectivamente sus propios patrones de energía de identificación. Así que cada es-

* <https://blogs.scientificamerican.com/observations/the-hippies-were-right-its-all-about-vibrations-man/>.
** Deepak Chopra, *Reinventa tu cuerpo, resucita tu alma*, Barcelona, Debolsillo, 2016.

tructura material del universo, incluyéndonos a ti y a mí, irradia una firma de energía única».

Dicho de otro modo, cada ser humano tiene una firma energética específica y atrae la realidad que está vibrando a la misma frecuencia.

Es el famoso ejemplo de la radio. Imagina que no sabes qué es una radio antigua ni cómo funcionan los botones para modular el sonido y la frecuencia. Quieres escuchar la frecuencia 83.2 FM, pero tú estás en la 100.1 FM. Podrás hacer todo lo que quieras, enfadarte, darle golpes a la radio, quejarte de que no te está poniendo el canal que tú quieres, podrás contar a tus amigos que no funciona y desesperarte. Podrás perder la fe en que es posible escuchar el programa que tú quieras, podrás resignarte y decidir que lo que hay es solo la 100.1 FM. Podrás escuchar contenidos que no te gustan ni te aportan nada, y envidiar a los demás cuando te cuenten que ellos sí escuchan tus programas favoritos. Podrás pensar que el mundo es injusto porque ellos tienen acceso y tú no.

Nada de todo eso cambiará el hecho de que si no pasas a la 83.2 FM, nunca podrás escuchar el programa que deseas.

No es que no te merezcas escuchar lo que quieres, ni que te falte inteligencia para lograrlo.

No es que no seas lo suficiente buena o generosa.

El campo cuántico no juzga ni decide quién merece y quién no.

No diferencia entre el bien y el mal ni entre lo justo y lo injusto.

Solo junta a los semejantes a nivel vibracional.

Atraes de manera natural lo que vibra en tu frecuencia. Eres un imán para lo que está en tu misma vibra.

Tienes una tecnología punta interior que te permite manifestar todo lo que deseas, si la sabes usar.

Un mes antes de realizar mi segundo retiro de yoga y empoderamiento femenino, tan solo tenía ocho mujeres inscritas. Mi propósito era llegar a veinte para llenar la casa que ya había reservado. En medio de la desesperación, me di cuenta de que estaba saboteando todos mis intentos sin notarlo, y que no practicaba de manera adecuada lo que había aprendido hasta el momento.

¿Cómo no lo había visto antes? Visualizaba diez minutos al día, y el resto del tiempo me lo pasaba preocupada porque no se inscribía más gente y repasando en mi mente la imagen de la casa vacía y del momento en que tendría que buscarme un «trabajo de verdad».

Repetí en voz alta: «Suelto. Confío. Gracias por dejar que las mujeres que están listas para este retiro lleguen a mí».

Dejé ir totalmente el resultado y me centré en vibrar en la máxima abundancia. En sentirme agradecida por las mujeres que llegarían, en entrenar mi cerebro para que pusiera el foco en pensamientos empoderadores, en tomar nuevas acciones desde esta gratitud, con la certeza de que todo saldría de la mejor manera posible.

Unos días antes del retiro llegaron las veinte mujeres que quería manifestar, y más. De hecho, tuve que rechazar varias inscripciones porque ya estábamos completas.

Siempre usamos nuestro efecto observador, materializando una realidad o la otra. ¡Nosotras decidimos!

¿DE DÓNDE VIENE NUESTRA FIRMA ENERGÉTICA ÚNICA?

Aunque sea una creencia popular, nuestra firma energética no depende de sentirnos bien todo el día; tampoco tiene que ver con estar siempre en gratitud. Esas son expectativas inalcanzables que nos llevan a rechazar la belleza de la experiencia humana: estamos creadas para sentirlo todo.

Cada componente de nuestro árbol de la vida tiene una impronta energética, y la suma de las improntas de todos los niveles de nuestro árbol crea nuestra firma dominante. Es la que el campo lee con más facilidad, para «mandarnos» la realidad que está en la misma frecuencia.

Como habrás observado, he escrito «dominante» delante de cada una de las partes del árbol. Lo recalco e insisto: unos pensamientos negativos y algunas emociones desagradables al día no impedirán que manifiestes la realidad de tus sueños.

Creencias dominantes

+

Pensamientos dominantes

+

Emociones dominantes

+

Acciones dominantes

=

TU IMPRONTA ENERGÉTICA

Cuando se habla de la ley de la atracción, esta parte es la que menos se entiende y la que más daño causa: personas que entienden que, como crean su realidad, ya no tienen derecho a ser humanas. Que a cada momento del día hay un «Dios» que las está mirando y que castiga todo lo que no es amor y luz.

«Entonces ¿siempre me tengo que sentir bien? ¿Y si no me sale? ¿Tengo que ir por la calle a todas horas sonriendo? ¿Tengo que fingir que me siento bien aunque no sea así?».

No, no, no.

Por supuesto que no.

Menos mal que no.

No tienes que esconder ni rechazar tus emociones; en absoluto.

Por mucho que quieras ignorarlas y ser la «niña buena de la manifestación», lo único que harías sería disociarte de lo que sientes realmente, y esa disociación creará más malestar a largo plazo.

Y ya que «como es adentro, es afuera», al guardarte tus emociones por miedo a expresarlas, seguirán estando en tu campo energético, y eso es lo que comunicarás con el Universo.

Pensamos que tenemos que sentirnos felices sí o sí, cuando es la expectativa de estar siempre felices la que nos sabotea en el camino.

Todo lo que aprendas con este libro y cada ejercicio de final de capítulo que practiques con determinación te permitirá elevar la vibración de cada parte de tu árbol de la vida.

Cuando eleves tu árbol, no importa si pasas unos días de bajón. De hecho (atención, *spoiler*), los bajones son parte de tu proceso de evolución. Precisamente porque evolucionas, y porque al cerebro primitivo esta idea le da pavor, sentirás momentos de subidón y de bajón, pensamientos positivos seguidos de otros catastrofistas. Son las dos partes de ti —el miedo y el amor— que se están hablando, que se están aprendiendo a conocer, y el ego está dejando poco a poco que tu Ser Superior lo guíe.

Lo importante para tu vibración es que aceptes todos estos momentos como parte de la vida, de tu evolución, y que sepas siempre, siempre, siempre que tu éxito es inevitable y te hallas en el buen camino.

Lo peor que puedes hacer para tu vibra y tu proceso de Manifestadora Experta no es estar mal, sino obligarte a estar bien siempre.

Al inicio de mi programa *Eres un imán para el dinero* comparto la siguiente tabla con mis alumnas para que puedan saber en qué viaje se están embarcando y no caigan en las garras de la positividad tóxica.

Así es como funciona el proceso de evolución, en comparación con las expectativas.

Tener la expectativa de que todo sea bonito y rosado lleva a la mayoría de las personas que no tienen esta información a desanimarse en el camino. La paradoja es que, al creer que lo hacen «mal», abandonan sus esfuerzos, lo que es realmente la única manera de fracasar.

Entender el proceso de evolución	
Lo que creemos que es versus lo que es de verdad	
• Natural y cómodo	• Incómodo, despierta miedos escondidos
• Con sostén de los tuyos	• Solitario/Resistencias externas
• Confianza plena	• Dudas y confusión
• Lineal	• Altibajos
• El ego se tranquiliza	• El ego se pone más fuerte que nunca, sobre todo justo antes de conseguir lo que quiero
• Lleno de paz	
• Resultados de un día para otro	
• Gratificación instantánea	• Mitad placentero, mitad doloroso
• Unicornios y mariposas	• Progresivo, lo interno se transforma antes que lo externo
	• Resultados a largo plazo y DURADEROS
	• Enfrentamientos con tu sombra, muerte de la antigua tú y parto a ti misma

LA VIBRACIÓN DE LAS PALABRAS

> Al inicio era la palabra, y la palabra estaba junto a Dios, y la palabra era Dios. Por medio de la palabra se hizo todo, y sin ella no se hizo nada de lo que se ha hecho.
>
> Evangelio según san Juan, 1-18

Hay algo que puedes transformar desde ya, y cuando lo hagas, subirás tu vibración (y tu calidad de vida) de manera instantánea, para siempre.

La palabra es tu varita mágica, exactamente como lo describe la Biblia; solo que a diferencia de lo que te enseñaron, el Dios o la Diosa no es algo externo a ti, sino que eres tú en esencia y tu capacidad de comunicarte con el campo para crear la materia.

No creemos en el poder de nuestras palabras y, por lo tanto, las usamos como si no tuvieran ningún valor. Decimos cosas que no pensamos; no expresamos lo que sentimos; nos machacamos con autocríticas, y repetimos con énfasis lo que NO queremos.

Pero la realidad es que cada palabra tiene su vibración, y que si lo declaro de manera continua y repetida y, más aún, con emoción, se hará realidad en mi vida.

Se han realizado estudios fascinantes sobre el agua y cómo respondían los cristales de agua en función de las palabras que se les decían.*

En uno de estos experimentos, el doctor Emoto pegó en un vaso de agua un papel con la palabra «odio», y en otro, un

---

* «La memoria del agua», de Masaru Emoto.

papel con la palabra «amor». Más tarde, al mirar al microscopio pudo observar que las moléculas de agua se habían formado de un modo muy diferente. En el vaso con la etiqueta «amor», las moléculas habían formado cristales hermosos y simétricos; parecían copos de nieve salidos de una película de Navidad; la creatividad de cada uno, su precisión y su delicadeza eran dignos de las más grandes obras de arte. Sin embargo, en el vaso con la etiqueta «odio», las mismas moléculas parecían todas rotas; se veía el intento de crear los mismos hermosos copos de nieve, pero estaban todos destruidos; les faltaba la mitad, se habían contraído en una bola, ya no tenían la delicadeza de su esencia y parecían impactados por las radiaciones de Chernóbil.

Como sabes, entre el 70 y el 80 % de nuestro cuerpo es agua. Por tanto, ¿cómo crees que te afectan todas las palabras negativas que te repites constantemente?

Más allá del experimento que te he contado, ¿a que no es necesario que te explique que algo se rompe en ti cada vez que te hablas mal?

¿A que conoces bien la sensación de malestar cuando te criticas?

Todo tu cuerpo está respondiendo a cada palabra desde dentro; se encoge, sufre y se rompe cada vez que te hablas mal. Cada vez que te dices que no eres bastante, cada vez que te comparas y te culpas, te haces daño. Literalmente, estropeas el cuerpo que se te ha regalado.

Y cuando esas palabras se vuelven las más comunes en tu vida, como es obvio, no creas precisamente una resonancia vibracional con lo que anhelas..., a no ser que desees atraer a tu vida sufrimiento, dolor, pena, escasez y dificultades.

No has comprado este libro para conseguir eso, ¿verdad?

Pruébalo en tus carnes para ayudarte a tomar la decisión desde ya de dejar el vocabulario desempoderador.

Coge dos papeles; en uno escribe una frase o una palabra que odiarías que te dijeran, como «no sirves para nada» o «te odio», y en el otro escribe algo del tipo «eres perfecta y te amo» o «tu éxito es inevitable».

A continuación, acerca los papeles a tu cara, primero uno y luego el otro, mira la letra y presta mucha atención a cómo te sientes. Frente al primer papel, ¿sientes que se te encoge el pecho?, ¿sientes malestar? Y ante el segundo, ¿sientes la expansión?

Cada átomo que se va muriendo o expandiendo según el mensaje que le mandes representa los cristales de agua que hay en ti y la vibración que comunicas con el campo.

Entonces, para llevarlo a la práctica, ¿cómo puedes reconocer cuando te pierdes?

Puedes saberlo cuando la mayoría de tus frases contienen las siguientes expresiones: «no puedo», «tengo que», «debería», «no quiero X», «no soy capaz de», y la lista sigue y sigue.

Cada vez que dices «no puedo», crees en la ilusión de que no tienes poder.

¿Cuántas veces dijiste: «No puedo salir porque no tengo dinero»?

¿De verdad que no tienes para una caña? ¿O más bien eliges no gastar en salidas ahora porque tienes otras prioridades, como pagar el alquiler?

¿Qué tal suena la frase «elijo no salir hoy porque decido gestionar mejor mis gastos»?

En la primera opción le das el poder absoluto al dinero que está (o no está) en tu cuenta bancaria; y así te haces víctima de tu situación económica. En la segunda, en cambio, estás en tu soberanía personal, en tu poder, declarando que eliges usar tus recursos en favor de tu mayor bienestar y tus objetivos.

«No quiero volver a la misma relación de pareja tóxica de antes». En esta frase radica uno de los principales males de nuestra sociedad: nos centramos en lo que no queremos tanto y tan bien que no tenemos ni puñetera idea de lo que sí queremos. Seguimos observando y materializando una y otra vez el «gato muerto».

«Tengo que ir a trabajar mañana». Eso es falso, tú no tienes que hacer nada. Seamos honestas: no tienes ni que pagar las facturas porque podrías decidir vivir en la calle; no tienes que ir al trabajo porque podrías decidir no trabajar y vivir en el bosque; no tienes que llamar a tu madre porque podrías dejar que ella te llamara; no tienes que recoger a tu amiga en el aeropuerto porque podría pedirse un taxi.

No tienes que hacer nada. Todo lo anterior son elecciones.

Eliges ir a trabajar porque quieres desarrollarte en la vida, aportar a la sociedad, ganar dinero para tus pasatiempos favoritos, vacaciones, sueños y necesidades básicas. Eliges llamar a tu madre porque la quieres y te interesa saber cómo está. Eliges cuidar a tus hijos porque quieres que tengan las mejores oportunidades en la vida. Eliges no matar a tu jefa, aunque te saque de quicio, porque no quieres acabar en la cárcel. Eliges llegar a la hora a tu cita porque quieres respetar el tiempo de los demás.

Todo son elecciones; también cuando dices que no.

Cuando eliges decir «tengo que», eliges no tener poder.

Cuando eliges no tener poder, eliges no crear la vida de tus sueños.

De nuevo, ¿qué sientes en el cuerpo al cambiar «tengo que» por «elijo»?

Di en voz alta y experimenta la diferencia de sensaciones entre:

1. «Tengo que pagar el alquiler».
2. «Elijo pagar el alquiler».

O bien:

1. «Tengo que llamar a mi madre».
2. «Elijo llamar a mi madre».

O bien:

1. «Tengo que ir a trabajar mañana».
2. «Elijo ir a trabajar mañana».

¿Sientes la diferencia?

No es solo un juego de palabras. Eres poderosa y este poder viene con una gran responsabilidad. Usa bien tu varita mágica.

Observa con atención la siguiente tabla para inspirarte y empezar desde ya a usar palabras más empoderadoras.

No puedo	→	Decido no...
Tengo que...	→	Elijo
Soy incapaz de...	→	Estoy aprendiendo a...
No se me da bien...	→	Le dedicaré más amor a...
No consigo...	→	Estoy encontrando una solución para...
Estoy bloqueada	→	Necesito ayuda con...
Ha sido un fracaso	→	He encontrado varios puntos que puedo mejorar
Estoy confusa	→	Estoy abriendo mi mente a...

Sigue completando la tabla:

¿Cuáles son las expresiones desempoderadoras que más usas?

¿Con qué otras expresiones las puedes reemplazar?

SALTOS CUÁNTICOS

> La separación entre pasado, presente y futuro es una mera ilusión, aunque sea muy convincente.
>
> ALBERT EINSTEIN

Aparte de usar las palabras para sabotearnos, otro de los mayores errores que cometemos cuando queremos manifestar la vida de nuestros sueños es creer en la ilusión de que el tiempo es lineal. Creemos que el pasado viene antes del presente que viene antes del futuro. Por lo tanto, nos quedamos atrapadas en nuestras circunstancias actuales, creyendo que debemos esperar a tener, en el plano físico, el entorno que deseamos para poder crear un cambio.

Es el modelo erróneo TENER-HACER-SER en el que la mayoría de las personas desperdician toda su vida.

Repiten sin cesar:

- «Cuando tenga tiempo, haré más deporte y entonces seré una persona sana».
- «Cuando tenga más dinero, lanzaré mi negocio y entonces seré exitosa».
- «Cuando tenga pareja, haré los viajes que tanto deseo y entonces seré feliz».

Solo que la salud, el éxito y la felicidad nunca llegan. Estas personas se ven a sí mismas como el efecto de sus circunstancias, en vez de ser la causa de su vida deseada.

La teoría de la relatividad de Einstein nos enseña que el tiempo es una ilusión y que todo ocurre de manera simultánea. En el campo, el tiempo no es lineal y el futuro puede crear el presente tanto como el presente puede crear el futuro.

Funciona de la siguiente manera:

EFECTO (FUTURO)	↔	CAUSA (PRESENTE)
CAUSA (PRESENTE)	↔	EFECTO (FUTURO)

Veamos un ejemplo práctico.

Primera opción:

   Manifiesto 1.000.000 € (consigo mi objetivo = causa)
      → Soy exitosa (efecto)

Segunda opción:

   Soy Exitosa (causa) → Manifiesto 1.000.000 € (efecto)

En la segunda opción, primero SOY, y entonces creo los resultados deseados.

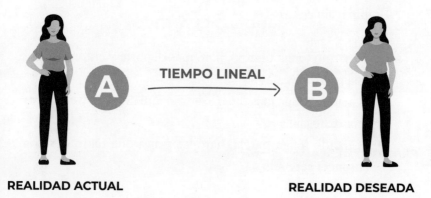

TIEMPO LINEAL

A

B

REALIDAD ACTUAL

REALIDAD DESEADA

Este cambio te permite pasar de ser el efecto, es decir, la consecuencia de tus circunstancias a ser la causa, es decir la creadora de tu vida soñada.

En la ilusión del tiempo lineal, pensamos que el camino más corto entre el punto A (la realidad en la que estoy) y el punto B (la realidad en la que quiero estar) es una línea recta.

En el modelo cuántico, entendemos que transformando quién SOY hoy, puedo saltar de una línea del tiempo a otra, ya que todas las realidades existen como probabilidades de manera simultánea en el campo, esperando que las observe.

MODELO LINEAL

MODELO CUÁNTICO

REALIDAD ACTUAL

REALIDAD DESEADA

Por lo tanto, el antiguo paradigma de TENER-HACER-SER debe reemplazarse por el nuevo paradigma inverso:

SER-HACER-TENER.

Debemos empezar por el SER. Por quien somos. Por nuestra identidad.

La identidad es la parte más profunda de la psique humana. Son las creencias que tenemos sobre nosotras mismas, sobre lo que es posible o imposible para nosotras, sobre lo que se nos da bien o mal, lo que creemos que nos está permitido sentir, hacer y soñar.

Es nuestro personaje, lo que hemos aceptado como la verdad sobre nosotras mismas.

Si tuvieras que describirle a alguien que no te conoce de nada quién eres, ¿qué le dirías?

¿Eres exitosa, rica, generosa, inteligente, eficaz, determinada, sociable?

¿Eres perezosa, fracasada, pobre, lenta, débil, inconstante, solitaria?

Y de todo lo anterior, ¿cuál es la verdad?

La verdad es lo que tú decides y declaras con emoción y repetición.

«En mi mente siempre he sido una superestrella de Hollywood. Nuestros pensamientos, nuestros sentimientos, nuestros sueños, nuestras ideas son reales en el Universo. Si soñamos algo, si imaginamos algo, le damos un impulso para que eso se materialice en nuestra realidad», dijo Will Smith, actor y ganador de un Oscar.

El Universo no te dará lo que quieres.

El Universo te dará lo que (crees que) eres.

Hasta Beyoncé se creó un *alter ego* al que atribuye todo su éxito: para superar las adversidades, enfrentarse a los retos, atreverse a aceptar oportunidades que le daban miedo y tomar decisiones difíciles, así como para crear, liderar y actuar al nivel que quería, creó a Sasha Fierce. Es la versión de la Beyoncé exitosa antes de que el éxito material llegara a ella. Hasta le dedicó un álbum epónimo, en cuya portada se muestran las «dos caras» de la cantante. A la izquierda es Beyoncé, la que todos conocemos. A la derecha, está su *alter ego*, que se reconoce por llevar un maquillaje, un corte de pelo y una ropa que reflejan mucha más determinación, pasión y atrevimiento.

De manera intuitiva, muchas de mis alumnas cambian de corte de pelo y hasta de estilo vestimentario cuando llegamos a la parte de transformar su identidad. A lo largo de semanas de integración-evolución, como Beyoncé, van sintiendo que ya no son las mismas, y que su Sasha Fierce toma el mando para permitirles cumplir sus sueños. Se atreven a lo que nunca se habrían atrevido antes, se permiten lo que se negaban, se expresan, se dejan ver, actúan y tienen formas de pensar que las liberan tanto que repiten: «Soy otra mujer. Pero a la vez me siento más YO que nunca».

Tu *alter ego* lo componen las mejores partes de ti, expresadas en tu día a día. Es tu Ser Superior hecho persona y refleja las cualidades que te ayudarán a alcanzar tus metas.

Y al revés, el hecho de no actualizar tu identidad hará que sigas manifestando lo que crees que está en sintonía con tu pequeña percepción de ti misma.

En los inicios de mi práctica como coach, recuerdo una mujer que vino a verme porque tenía una relación muy tumultuosa con la comida; se daba atracones y no podía liberarse de esta conducta. Al empezar la sesión, lo primero que me dijo fue:

—Hola, soy María [le he cambiado el nombre para mantener

el anonimato] y soy alcohólica. Llevo cuatro años sin beber, pero ahora tengo una relación enfermiza con la comida.

Llevaba cuatro años sin probar una gota y, aun así, seguía definiéndose como alcohólica.

—María —le dije—, eres menos alcohólica que toda la gente que conozco. Eres menos alcohólica que yo, ¡que tomo una copa de vino cada cuatro meses!

Esa es la razón principal por la que los programas de doce pasos, como Alcohólicos Anónimos, tienen una tasa de éxito bajísima: mantienen a los participantes en la identidad que ha creado el problema.

María creía que era una persona adicta y alcohólica. Tras cuatro años sin probar el alcohol, seguía definiéndose como tal. No había actualizado su identidad por la de una mujer sana, llena de vitalidad y valiente. La gran persona que era se reducía a: «Soy alcohólica». A modo de protección inconsciente de esa identidad, y puesto que ya no tomaba alcohol, María encontró otra forma de mantener viva su identidad de adicta: la comida.

Puedes decidir conscientemente expandir tu identidad ya hoy.

Yo creé mi identidad exitosa antes de ver ninguna prueba material de que mis deseos se manifestarían algún día. Para que se hiciera más real en mi mente, le di un nombre: The Boss.

Cada día me ponía sus zapatos, como si llevase un traje de superhéroe o tuviese un rol particular en una película. Cada día declaraba en voz alta lo que SOY, sintiendo que eso era real, aquí y ahora.

SOY DETERMINADA.

SOY EXITOSA.

SOY INSPIRADORA.

SOY UNA LÍDER DE PENSAMIENTO.

SOY UNA MANIFESTADORA EXPERTA.

Para añadir emoción —el secreto para acelerar la reprogramación cerebral, ya sabes —, me repetía estas afirmaciones con mi música favorita de fondo y con las manos en la cintura, imitando la postura de la Mujer Maravilla.

Con cada decisión o acontecimiento que me sucedía durante el día, me hacía obsesivamente tres preguntas clave:

¿Qué pensaría The Boss?

¿Cómo se sentiría The Boss?

¿Qué haría The Boss?

Y luego actuaba en función de la respuesta. Aunque me diese miedo o me crease resistencias, pues las resistencias son parte del crecimiento. Seguía días tras días sabiendo que solo necesitaba práctica para que mi cerebro primitivo aprendiera que estamos a salvo tomando nuevas acciones y pensando distinto.

Ahora te pregunto a ti: ¿quién necesitas SER para manifestar la vida de tus sueños?

Antes de pasar a los ejercicios, ponte la mano en el corazón y repite en voz alta:

«¡Mi éxito es inevitable y siempre estoy en el buen camino!».

SI ELLA PUEDE, TÚ TAMBIÉN

Ximena

De cómo Ximena, que se había impuesto no creer en la magia y tener una «vida adulta» gris, pasó a recuperar su alegría, manifestar un nuevo trabajo, dinero y la casa de sus sueños.

«Me encontraba en un momento de lo más gris, no sabía quién era, me sentía apagada y triste. Yo siempre había sido una persona con mucha chispa, con mucha alegría, que creía en todo, y en algún momento me creí que tenía que crecer y "ser adulta".

»Empecé a convencerme del cuento que compartían conmigo los adultos de mi entorno, que en el fondo ni siquiera me creía. Ese cuento me decía que tenía que tomarme la vida en serio, tener un trabajo que no me gustaba, dejar de divertirme y todo lo que nos dice la sociedad que tiene que ser la vida. Me puse un disfraz de lo que creía que debía ser: adulta. Era un disfraz triste, por el que incluso dejé de hacer cosas que me gustaban, como bailar y cantar.

»A eso se sumaban muchas creencias arraigadas sobre la pobreza, ya que mi papá siempre me decía "somos pobres, pero honrados" o "trabaja muy duro", entre otras frases típicas suyas. Y como tenía mucho miedo de no encajar en mi círculo familiar, me limitaba para no ganar más que ellos.

»Me repetía: "¿Quién soy yo para querer un estilo de vida mejor?", "¿Quién soy yo para querer este piso para mí?". Me mantenía en una vibración de escasez constante.

»Entonces conocí a Maïté y me explotó la cabeza. Fue cuando tomé la decisión de no abandonarme. Pasé un proceso duro, en el que tuve que arrancarme el disfraz, a pesar del miedo a soltar esta identidad que, si bien no me había hecho feliz, al menos sí me había hecho sentir segura.

»Pero cuando lo hice, la recompensa fue enorme: me reencontré conmigo misma y me conocí de nuevo.

»Empecé a darme cuenta de que es posible volver a soñar, de que la magia existe. Empecé lo que nunca me habría permitido antes: visualizar un piso con piscina, en una zona con árboles, e integré en mi identidad el barrio donde quería vivir. Era una zona que ni de lejos me podía permitir en ese momento, una zona "pija" con la que antes nunca me habría identificado por no ser de las mujeres prósperas.

»Pues ese piso lo manifesté. Exactamente en esa zona, con la piscina y los árboles que se ven desde la ventana. De verdad que hoy puedo decir que vivo en el piso de mis sueños. Más allá de esto, manifesté un cambio de estilo de vida. Cambié hasta la manera de vestir y de hablar, y mis seres queridos alucinaron con la transformación.

»Manifesté dinero y tiempo gracias a la visualización. Incluso me llamaron de una empresa para hacerme una entrevista cuando ni siquiera estaba buscando trabajo.

»Manifesté un trabajo nuevo, tiempo, dinero... Todo lo que pensaba que "no estaba a mi alcance". Y, sobre todo, manifesté amor hacia mí misma.

»Mi consejo es atrévete, no hay peor lugar para quedarse que en la duda. Es el momento de que apuestes por ti misma; nunca te arrepentirás de demostrarte que puedes, quieres y mereces vivir la vida de tus sueños».

LAS GRANDES IDEAS DE ESTE CAPÍTULO

- Todo es energía, incluso lo que percibimos como materia.
- En el campo cuántico, los semejantes se atraen y nuestra vibración determina la realidad que atraemos hacia nosotras.
- Nuestra impronta energética es la suma de la vibración de nuestras creencias dominantes + pensamientos dominantes + emociones dominantes + acciones dominantes.

- El tiempo lineal es una ilusión; el presente crea el futuro tanto como el futuro crea el presente.
- El modelo SER-HACER-TENER nos permite dar saltos cuánticos de una línea de tiempo a otra para manifestar con más rapidez lo que deseamos.
- Actualizar nuestra identidad equivale a alinearnos con la línea en el campo cuántico en la que vivimos nuestra realidad soñada.

Ejercicios para crear tu nueva identidad

1. ¿Quién es la versión futura de ti que ya tiene todo lo que tú deseas en la vida? Describe en detalle sus cualidades, su forma de ser, sus pasatiempos favoritos, qué contenidos lee, en qué programas invierte, de quién se rodea y cualquier otro dato que quieras añadir.

2. De lo que escribiste en la pregunta 1, elige cinco cualidades que repetirás como afirmación todos los días, con tu música favorita de fondo y tus manos colocadas en la cintura. Cuanto más emocionante sea la experiencia, mejor.

3. Así pues:

SOY...

SOY...

4. Empieza a ser esta mujer ahora.

5

¿Qué quieres de verdad?

Crea la visión más elevada y grandiosa posible para tu vida,
porque te conviertes en lo que crees.

Oprah Winfrey

SÍ, TÚ TAMBIÉN TIENES VISIÓN

Un tercio de las mujeres que realizan mis programas afirman no saber qué quieren en la vida y carecer de una visión de futuro.

Esta es una de las mentiras más inteligentes de tu ego para mantenerte estancada.

Claro, si no sabes lo que quieres, a buen seguro te mantendrás a salvo en tu zona de confort habitual.

Como todo lo que te hace creer tu ego acerca de tus sueños, es mentira que no tengas visión.

La realidad no es que no sepas lo que quieres, sino que:

1. Tienes miedo a qué dirán los demás sobre tu sueño.
2. Tienes miedo a no ser capaz de lograrlo.
3. Tienes miedo a no merecer tener más de lo que ya tienes.

En conclusión: es más fácil decidir que no sabes. Porque cuando no sabes, no intentas, y cuando no intentas, no puedes fracasar.

La otra cara de la moneda es que tampoco puedes tener éxito. El resultado es que te pasas la vida apagando fuegos, dejándote llevar por el viento, sin levantar la cabeza ni un segundo para planificar tu futuro.

A menudo escucho la excusa de que crear una visión es solo para emprendedoras o empresarias, que si trabajas por cuenta ajena no puedes determinar tu futuro.

Nada más lejos de la verdad.

Crear una visión es imprescindible para todas, y no solamente en el ámbito profesional, sino en todas las áreas de tu vida: relaciones, salud, dinero, ocio...

Si no elegimos nuestra visión, los demás la elegirán por nosotras y entonces nos quedaremos con cuatro posibilidades para crear nuestra vida.

Imaginemos que somos arquitectas de nuestra casa (= vida), pero no tenemos visión de cómo será el resultado final.

- *Opción 1.* Como no tienes claro lo que quieres crear, miras las casas de al lado y construyes una parecida. Tal vez un poco peor o un poco mejor, pero con el mismo estilo, las mismas dimensiones, las mismas inspiraciones. Tu casa se funde en el paisaje de las de los vecinos. No destaca, no tiene tu personalidad ni tus gustos únicos. No refleja ningún sueño personal, es más o menos igual a todas las que ya conocías. Por supuesto, no te emociona ni te sientes a gusto en ella, y te quedas solo por supervivencia, porque necesitas un techo sobre tu cabeza.
- *Opción 2.* Como no tienes un plan de futuro, miras lo que has construido en el pasado para tomar referencia. Entonces haces una réplica más o menos fidedigna de las casas que ya diseñaste. No haces ninguna innovación, no añades ninguna novedad. Como ya tuviste experiencias negativas al querer construir una casa más grande sin conseguirlo,

no te atreves a intentarlo de nuevo. Te niegas a volver a vivir la decepción del fracaso. Así que, por seguridad, construyes lo mismo que en el pasado. «Al menos, no puede haber sorpresas», piensas. Si no te pararas a mirar de cerca, dirías que es exactamente la misma casa que antes. La historia se repite.

- *Opción 3.* Como no sabes adónde vas, te vas en todos los sentidos. No dejas de cambiar de idea: empiezas tomando una dirección, luego te paras y cambias porque de repente te interesa más otro estilo de arquitectura y quieres construir una casa totalmente diferente. Y al final, después de meses (o años) de trabajo, te das cuenta de que la casa no está acabada. El proyecto está en punto muerto porque no dejaste de cambiar de planes. De tanto dudar y cambiar no has avanzado nada, sigues sin plan y sin casa. A esto se añade el desgaste emocional que implica comprender que has andado en círculos y que tendrás que empezar de nuevo.

- *Opción 4.* Al no tener idea de qué dirección tomar, y ante la magnitud del trabajo que tienes por delante, enseguida te agobias y te estresas tanto que te paralizas. Piensas que nunca lo conseguirás, y después de un pequeño y tímido intento, abandonas. Encuentras todas las razones posibles para dedicarte a todo menos a construir tu casa. Todo en tu vida se vuelve más importante y cada vez que te acercas a las obras aumenta tu ansiedad y te invaden los pensamientos catastrofistas. Como resultado, nunca avanzas en la casa; te has quedado en el mismo lugar en el que estabas. Nada ha cambiado, la casa no existe. Y lo peor es que pierdes la confianza en ti por no haberlo conseguido. Piensas que te falta determinación y constancia, cuando lo único que te faltaba de verdad era una visión.

¿En cuál de estos ejemplos te reconoces? ¿Qué tipo de arquitecta serías?:

- ¿La que decide conformarse con una vida similar a la de su entorno?
- ¿La que repite constantemente el pasado?
- ¿La que toma mil direcciones distintas, cambiando de idea y de plan, cada poco?
- ¿La que se desanima pensando que no es capaz y tira la toalla después de unos intentos?

Sea cual sea tu respuesta, no te juzgues por estar en ese punto.

Tomar conciencia, como ya sabes, es el primer paso para la liberación. Como todo lo demás, es un simple automatismo que aprendes a superar con las herramientas de este libro.

La buena noticia es que hay otra arquitecta que vive en ti, esperando a que la despiertes:

- *Opción 5.* La arquitecta que tiene la visión del diseño final de su casa. Sabe qué camino está tomando, y no se detiene a mirar las casas de los vecinos porque sabe que la suya es la que mejor la representa a ella. Sabe que nadie más puede entender lo que le hace feliz y que las casas de los vecinos son perfectas para los vecinos. Sabe que todo el terreno que tiene es para ella y que usará su potencial al máximo. Su casa será diferente a las del pasado, ya que creció y aprendió de sus errores. Sabe lo que se merece y no va a conformarse con menos. Tampoco se deja distraer por excusas, pues tiene en mente una imagen nítida de su casa y también la certeza de que su éxito es inevitable. No se deja desanimar. Sabe que siempre está en el buen camino.

Siente que cada ladrillo la acerca a la visión de la casa de sus sueños. A base de dedicación, lo que solo imaginaba en su mente ha terminado por materializarse en su mundo físico.

SI TIENES UN DESEO, ES TU DESTINO CUMPLIRLO

¿Cómo sería tu vida si decidieras que sí es posible tenerlo todo aunque aún no sepas cómo?

El problema no es que vivir la vida de tus sueños sea imposible.

El problema es que tú misma has decidido que es así.

Confundes el «no saber cómo» con el «no poder», y son dos cosas totalmente distintas.

Martin Luther King tuvo un sueño,[*] una visión loca para su época en la que nadie sería juzgado por su color de piel. Era un anhelo, una visión, aunque no tenía idea de cómo podría hacerse real. Un sueño que compartió con las masas, una visión que movió a las personas para ponerse en marcha en pos del cambio. Y esa misma visión tuvo un efecto dominó que llevó, décadas después de su asesinato, hasta la elección del primer presidente negro de Estados Unidos, Barack Obama.

La visión de Hellen Keller era demostrar que las personas sordas podían conseguir lo mismo que las demás. Ella misma era sordomuda y ciega desde los dos años. Sin embargo, con dedicación y mucha paciencia, consiguió romper el aislamiento total en el que estaba al no poder usar ninguno de los sentidos para co-

---

[*] «I have a dream», discurso de Matin Luther King (Washington, D.C., 28 de agosto de 1963).

municarse. Acabó siendo la primera mujer con discapacidad en conseguir un diploma universitario, escribió doce libros y fue activista para la educación de las personas sordomudas, conocida hoy como una pionera en ese campo. Su visión la salvó. Como ella misma dijo: «Hay algo peor que ser ciega: tener sentido de la vista y no tener visión».

Si tienes un deseo, es que es tu destino cumplirlo.

La naturaleza nunca desperdicia sus recursos.

No hay nada inútil en la creación.

Si tú existes, por un milagro que desafía toda probabilidad matemática, es que estás destinada a ser, a hacer y a tener absolutamente todo lo que desees.

Una de las etimologías sugeridas para la palabra «deseo» es que viene del latín *de sidere*, que significa «de las estrellas».

¿Y sabes quién más viene de las estrellas?

Tú misma.

No lo digo por decir ni por hacer poesía. Después del estudio de ciento cincuenta mil estrellas, los astrónomos han descubierto que el 97 % de los compuestos de nuestro organismo provienen de ellas. Desde el carbono y el oxígeno, sin los cuales no podríamos vivir, hasta casi el cien por cien de todo lo que construye nuestro cuerpo ha nacido en el corazón de las estrellas.

Es decir, que nuestros ancestros reales, son ellas.*

Tú y tus deseos habéis venido literalmente de las estrellas para reencontraros y que puedas manifestarlos en la Tierra.

Solo tú tienes la capacidad de hacerlo.

* David del Rosario, *El libro que tu cerebro no quiere leer*, Urano, 2019; véase también el proyecto de investigación Sloan Digital Sky Survey <www.sdss.org>.

«Hay una vitalidad, una fuerza interior, una energía que se traduce dentro de ti en acción, y porque solo hay uno como tú en esta vida, esa acción se convierte en única. Si la bloqueas, nunca más volverá a existir a través de ningún otro medio, y se perderá para siempre. El mundo nunca más la tendrá. No depende de ti determinar lo buena que es, ni si es mejor o peor que otras expresiones. Tu tarea es mantener el canal abierto».

MARTHA GRAHAM
(bailarina, madre de la danza moderna)

Leí estas frases por primera vez en la fiesta de clausura de mi programa de formación de profesora de yoga, cuando aún no tenía mucha idea de qué hacer con mi vida, y me reconectó con una verdad absoluta: todos venimos a aportar al mundo y, sean cuales sean nuestras circunstancias, nuestros deseos están destinados a realizarse.

Si lo deseas, es que es para ti.

Punto final.

Muchas veces, las mujeres nos culpabilizamos por querer más. Hemos sido educadas para conformarnos con lo justo, y hasta puede sonar mal el hecho de quererlo todo: querer ser rica y feliz en amor y llena de vitalidad, y tener tiempo de disfrute y amigos maravillosos y una familia hermosa y una casa con piscina y viajar en primera clase por el mundo y vivir de nuestra pasión.

Creemos que es egoísta, pero expandirnos y vivir al máximo esta vida es el mejor regalo que podemos hacerle a la Vida. Es la mejor forma de agradecer los dones y las oportunidades que nos ha brindado. Usarlos para disfrutar al máximo de esta experiencia física, y así honrar lo sagrado que es nuestro paso por la Tierra.

La dualidad entre espiritualidad y materia es un constructo del ego. Es el ego el que juzga y divide, no tu alma ni el Universo.

Lo puedes decir en voz alta: «Si deseo algo, es mi destino tenerlo».

Que tus deseos vienen de las estrellas significa que vienen directamente del Universo para que los manifiestes en el plano físico. No es algo que deba tomarse a la ligera. Al revés: tu papel es manifestarlos.

Es tu deber manifestar todo lo que tienes en el corazón.

Has crecido creyendo que tener deseos es un pecado, que está mal seguirlos. Pero lo que está mal es negarte la alegría de cumplirlos.

¿Tu ego te dice que eres superficial porque en la vida que has soñado tienes bolsos Louis Vuitton y relojes Cartier?

¿Te dice que los únicos deseos nobles son los que tienes para los demás?

La verdad es que no hay ningún deseo superficial. No hay ningún deseo malo.

Tus deseos son la excusa que ha encontrado tu alma para moverte a evolucionar. Son tu impulso para crecer y despertar la grandiosa mujer que llevas dentro.

La próxima vez, en lugar de sentir vergüenza, podrás responderle a tu ego: «Todo deseo es un deseo noble. Soy mejor persona gracias a los deseos que tengo».

Seamos honestas: ¿estarías leyendo este libro si no tuvieras deseos para tu vida? ¿Invertirías horas y dinero en hacer cursos de desarrollo personal, escuchar coaches que te enseñan cómo mejorar, aprender el desapego y la paciencia?

Si no tuvieras esos deseos, no estarías aquí, no tendrías ese anhelo de conocerte, de descubrir quién eres y de qué eres capaz.

Vivimos en un mundo material, y lo material es la puerta de entrada a lo espiritual.

Muchas veces bromeo con mis alumnas y les digo que si no quisieran convertirse en mujeres ricas y exitosas, nunca habrían hecho el trabajo de aprender el perdón, de transformar su identidad, soltar el juicio a los demás, tomar responsabilidad sobre su vida, elevar su vibración, tranquilizar su mente ni todo lo demás que veo con ellas.

Tus deseos, por mucho que los tachen de superficiales los jueces interiores (el ego) y exteriores (las personas frustradas con su vida), son todos tremendamente profundos. Son un canal de realización personal y espiritual.

Cualquiera sea la visión de tu vida soñada, es el canal que has elegido para evolucionar como ser humano.

Lo digo con honestidad: ser exitosa e impactar a miles de mujeres a través del mundo es el camino espiritual que he elegido. El nivel de autoindagación, honestidad, superación, resiliencia que requiere manifestar mis sueños, es el regalo que me dan mis deseos.

Tus deseos son regalos que te dio el Universo para crecer.

Son señales de amor que te permiten descubrir que eres mucho más de lo que creías.

No es más noble ser monje que ser una empresaria millonaria.

No es más noble juzgarte por querer una vida mejor que ir a por lo que quieres sin pedirle permiso a nadie.

No es más noble no tener deseos.

Ningún camino de crecimiento es más noble que otro.

A mis alumnas les pasa muy a menudo, y puede que te haya pasado a ti también, que escribieron un objetivo en un cuaderno, lo olvidaron por completo y meses después, por casualidad, al encontrar de nuevo ese cuaderno, leyeron lo escrito y se dieron cuenta de que se había cumplido al pie de la letra.

Cuando aún estaba dando clases de yoga y sesiones de coaching individuales que no me permitían ser independiente económicamente, escribí en mi diario: «Soy una coach renombrada a nivel internacional que ayuda a miles de mujeres por todo el mundo a manifestar su vida soñada. Genero centenares de miles de euros al año, tengo un equipo de *cracks* superdedicadas y puedo invertir tiempo en escribir mi libro».

Un año y medio más tarde, era una coach renombrada a nivel internacional, ayudaba a decenas de miles de mujeres a cumplir sus sueños, había generado centenares de miles de euros y tenía un equipo de *cracks* superdedicadas. Y unos meses después, ese mismo equipo me permitía tener el tiempo para empezar a escribir el libro que tienes en las manos.

También había puesto: «Me formo con los mejores de este planeta. Jamás he vuelto a elegir a mis mentores por el dinero, sino por lo que realmente quiero y me merezco. Invierto decenas de miles de euros en mi desarrollo personal porque sé que mi éxito y el impacto que creo en la vida de los demás crecerán tanto como crezca yo. Todo lo que invierto en mí me es devuelto multiplicado por cien».

Un año y medio más tarde, estaba formándome con mentores que creía inalcanzables y me prometí que nunca dejaría de aprender, porque ser la mejor versión de mí misma permite a otros descubrir la suya.

El actor Jim Carrey se extendió a sí mismo un cheque de diez millones de dólares, fechado a cinco años vista, por «servicios de actor» y lo guardó en su cartera hasta que estuvo destrozado. Antes de la fecha indicada, le llamaron para ofrecerle el papel coprotagonista en la película *Dos tontos muy tontos*, por la que ganó exactamente este importe.

No es magia. Seguirás necesitando trabajar para alcanzar tus metas, pero el simple hecho de escribirlas crea una impronta en tu cerebro que multiplica tu potencial de manifestarlas.

Hay estudios que demuestran que las metas escritas tienen hasta un 57 % más de probabilidades de realizarse que las que solo se quedan en la mente.* En el apartado de ejercicios te enseñaré cómo hacerlo.

LA PALABRA QUE MÁS MIEDO NOS DA

A los once años estaba enamoradísima de uno de los chicos mayores del colegio, Lucas, de catorce años, que al final de curso se iría al instituto. No nos veríamos más o, mejor dicho, no lo vería yo, porque él no tenía ni idea de mi existencia. En mi mundo de fantasía estaba convencida de que él, en secreto, sería infeliz hasta que me conociese y aceptara lo evidente: que estábamos hechos para estar juntos.

Junio se acercaba a toda velocidad y todavía no me había regalado ni una mirada. Así que decidí actuar, y rápido. Me quedaba poco tiempo. Drama a la vista: el amor de mi vida, desapa-

---

* Tara Swart, *The Source: Open Your Mind, Change Your Life*, Random House, 2019. [Hay trad. cast.: *El principio: Transforma tu mente para atraer cosas buenas a tu vida*, Planeta, 2021].

recido para siempre, frustración y soledad eterna. No, no, no. No iba a aceptar esa posibilidad.

Un mes antes de que acabara el curso le escribí una carta. Le dije todo lo que me había guardado durante un año entero de amor no correspondido. Le informaba que sus miserias tenían solución: yo. Le proponía un futuro juntos, viviendo felices como perdices.

Ya que la carta era tan atrevida, pensarás que tuve el valor de dársela en mano. No me juzgues, porque se la di a una amiga para que la escondiera en su mochila durante la hora del recreo.

Al día siguiente desaparecí de la superficie del planeta.

Durante el último mes de cole era imposible encontrar a Maïté en el patio. Me escondía en los baños (leyendo el *Señor de los anillos*, con una reproducción del anillo de Frodo alrededor del cuello, para completar el frikismo).

¿Maïté a la salida del cole? Pasaba por la puerta de atrás, por la que salían solo los más pequeños.

¿Maïté en los corredores del cole? Invisible, me deslizaba con el mismo arte que un molusco pegado a la pared.

Acabó el año y no volví a ver a Lucas nunca más, después de darle la carta que debía reunirnos en el futuro.

La idea de que me pudiera decir «no» me pareció tan insoportable que preferí evitar la respuesta. El «no», en mi mente, habría sido la muerte; habría sido el fin del mundo; habría dejado en mi memoria preadolescente el dolor del rechazo; habría acabado conmigo.

Y decidí impedir el «no», rechazando la posibilidad del «sí» al mismo tiempo.

Por miedo al no, decidí desaparecer antes de averiguar cuál iba a ser la respuesta.

Nuestro miedo al «no» es la causa de que matemos nuestros proyectos y sueños antes siquiera de que nazcan.

María, una alumna de *Manifiéstalo*, decía estar bloqueada en la creación de su tienda online de productos orgánicos.

Al hablar con ella, me di cuenta de que no contactaba ni con los potenciales clientes ni con los posibles proveedores o socios que le permitirían crecer.

—Estoy bloqueada —me decía—, no hago lo que tengo que hacer, y no sé por qué.

—¿Qué es lo que tienes que hacer?

—Contactar con posibles socios.

—¿Qué te impide hacerlo?

—No sé...

—¿Qué tienes miedo que ocurra si lo haces?

—Pues... me da miedo que... que me digan que no.

—¿Qué significaría que te dijeran que no?

—Significaría que no lo estoy haciendo bien y que no lo voy a conseguir.

No es solo ella. No es solo en los negocios. Soy también yo, eres también tú, somos todas nosotras. En todos los aspectos de la vida queremos evitar el «no» a toda costa.

El miedo al «no» te lleva a no pedir nunca el aumento salarial que te mereces, a no decirle a tu pareja que quieres que viváis juntos, a no negociar el alquiler de un piso de ensueño, a no pedir ayuda cuando estás cansada de gestionar todo sola, a no abrir tu círculo de amigos a personas más inspiradoras.

Si lo piensas, verás que nuestro ingenio a la hora de encontrar modos de evitarlo es inspirador.

El miedo al no es el miedo al fracaso.

Imaginamos que estamos bloqueadas, que no sabemos por qué, o simplemente que nos falta motivación. Pero es el miedo al fracaso lo que nos paraliza en realidad.

«Significa que no lo estoy haciendo bien y que no lo voy a conseguir», respondió María cuando le pregunté qué significaba el «no».

¡Aja! Ahí está.

Lo que le hacía daño no era el hipotético «no», que ni siquiera había recibido, sino el significado que ya le estaba dando. Al creer que el «no» significaba que no conseguiría nunca alcanzar objetivos y que no estaba hecha para ello, hacía todo lo posible por evitarlo, aunque eso significase evitar... crear su negocio.

Por el miedo al «no» de los demás nos decimos «no» a nosotras primero. Decimos «no» a nuestros sueños a modo de protección ante el potencial rechazo ajeno.

¿Te acuerdas de los «noes» que recibiste de pequeña?

El grito «¡no!» de mi madre cuando quería expresar mi arte pictórico sobre las paredes de nuestra casa seguramente me ha dejado los tímpanos rotos para siempre. Ese «no» para mí significaba: «¡Eres mala!, ¡tus deseos están mal, cuando vas a por lo que quieres, mamá ya no te quiere! Lo que haces está mal».

¿Te estoy diciendo que debes dejar a tu hijo pintar en las paredes?

¡No!

Lo que digo es que, en alguna parte, esta niña aún vive en ti y quiere ser buena. Esta niña vive los noes como un rechazo tan doloroso que hace que se sienta como un auténtico fracaso.

Pero hoy hablo con tu yo adulto. ¿Qué pasa si te dicen «no»?

¿Qué es lo peor que te puede pasar?

Nada.

Porque un «no» es solo un «no».

Dos simples letras, *n* y *o*.

No tienen más poder que el que tú decidas darles.

Un «no» no quiere decir nada. No tiene ningún significado respecto a tu valor, tu talento, tu inteligencia o tu probabilidad de éxito en el futuro.

No tiene ningún significado acerca de lo que eres capaz de crear, ni sabe de todos los síes que encontrarás en tu camino.

El Universo tiene solo tres respuestas:

- «Sí».
- «Aún no» (que es igual a «llegará más tarde, ten paciencia y confía»).
- «Viene algo mucho mejor».

El «no es para ti, aunque lo desees» no existe.

Si no fuera para ti, no lo albergarías en tu corazón.

¿Por qué yo no sueño con ser una jugadora profesional de baloncesto? Porque no está en mi camino. No lo deseo, entonces no es para mí.

Así de simple.

Los noes que recibas no son noes definitivos.

Son noes que te preparan para los síes que están en camino.

Son noes que te permiten crecer y elevar tus estándares.

Son noes que te permiten saber de qué eres capaz.

Son noes que te permiten darte cuenta de cuánto quieres lo que quieres.

Para tu alma, solo se trata de una cosa: de crecimiento.

Y ¿cómo se consigue el crecimiento?

Se consigue, muchas veces, gracias a los noes que recibes.

Gracias a los «fracasos» momentáneos, que en realidad no son más que pasos inevitables en el camino del éxito.

Gracias a los retos.

Si hubiera tenido el número de alumnas que tengo ahora cuando lo imaginé por primera vez en mi mente, jamás las habría podido sostener. Pero entonces no lo sabía, creía que lo sabía todo cuando aún tenía mucho por aprender. Agradezco los tiempos del Universo por haber manifestado mi visión, no según los tiempos de mi ego, sino según los tiempos que mejor podían servir a mi bien y al bien de todos.

Si hace años hubiera tenido el dinero que tengo ahora, lo habría gastado todo para colmar mi vacío interno, sin guardar ni invertir un centavo.

Si hubiera tenido la visibilidad que tengo ahora cuando soñaba por primera vez con poder impactar a más personas, me habría quedado paralizada y no habría sabido disfrutarla.

Más importante aún, si lo hubiera tenido todo más rápidamente, no lo habría valorado. No lo habría agradecido. No lo habría respetado.

Los noes han creado mi sabiduría.

Gracias a ellos tengo empatía y entiendo a mis alumnas cuando pasan por un mal momento.

Gracias a ellos les llega lo que comparto.

Gracias a ellos puedo ayudar.

Gracias a esos noes, mis alumnas (y ahora tú como lectora) también saben que su éxito es inevitable y que siempre están en el buen camino.

Agradezco cada «no» en el camino.

Por ellos soy, hago y tengo más que nada de lo que hubiera podido soñar.

Tu nivel de libertad, alegría, abundancia y éxito es proporcional a tu capacidad de aceptar los noes.

Si no los aceptas, rechazarás todos los síes que eran para ti.

Es momento de dejar de esconderte.

El miedo no te paraliza por que tus objetivos son grandes.

Te paraliza por lo que crees que significa sobre ti misma que esos objetivos no se cumplan. Si no se cumplen cuando tú has decidido, crees que no eres lo bastante buena.

Crees que nunca lo harán.

Crees que no vales.

El miedo al «no» dejará de atormentarte cuando decidas darte cuenta de que todo lo que deseas ocurrirá sí o sí, en el momento adecuado. Y cuando asumas que es inevitable que te encuentres con esos noes en tu camino.

No puedes hacer nada por evitarlos.

Es más, no hay peor estrategia que intentarlo, porque así, te dices «no» antes incluso de que otros lo hagan.

Les dices «no» a tus sueños, a tus ganas, a tu futuro, y como resultado, te quedas en la cueva. Eso sí, tu ego está feliz porque ha hecho su trabajo.

Cuando mi alumna María aceptó que el «no» iba a ocurrir inevitablemente, ya no había razón para huir de los síes.

Su éxito y el tuyo son inevitables, y todos los noes te preparan para unos síes tan grandes y brillantes que aún debes expandirte para acogerlos en toda su grandeza.

Si aún te queda alguna duda, tal vez estos ejemplos te ayuden a recordar la verdad:

- Más de doce sellos editoriales rechazaron el manuscrito de *Harry Potter*, mientras J. K. Rowling ni podía pagar la calefacción de su casa.
- Michael Jordan fue rechazado por el equipo de baloncesto del cole y la causa fue falta de talento y de dedicación.
- Mary Kay Ash fue descartada de varias promociones por ser

mujer, de modo que dejó su empleo y creó su propia compañía de cosméticos que hoy vale miles de millones de euros.

- Apple despidió a Steve Jobs antes de que se convirtiera en el icono de innovación que todos conocemos.
- A Walt Disney lo despidieron de un diario local porque decían que carecía de imaginación, y su primer estudio de animación cerró por bancarrota.
- Lady Gaga fue despedida de su primera compañía discográfica porque no le veían futuro en la música.
- Los Beatles recibieron noes de múltiples compañías de discos porque, les decían, «la época de las canciones con guitarras se ha acabado».
- Elizabeth Arden fracasó en la escuela de enfermería y falló en el primer negocio que creó antes de montar su propia empresa de cosmética en 1910, que se convirtió en una de las más exitosas de la historia hasta hoy.

Y la lista sigue y sigue.

La conclusión es la siguiente: tu éxito es inevitable, y tus «fracasos» solo son pruebas palpables de que te hallas en el buen camino.

NO TE PUEDE IR PEOR QUE AHORA

¿Quieres que te dé otra buena noticia?

Siempre sabrás regresar donde estás ahora.

Probablemente no te atrevas a ir a por lo que quieres porque te estés imaginando lo que pasará si no lo consigues. En tu mente, la peor de las situaciones es estar por debajo de donde te encuentras en este momento:

- «Voy a perder mi dinero porque quiero emprender».
- «Voy a perder mi reputación porque haré el ridículo».
- «Voy a perjudicar mi carrera si me tomo un año sabático».
- «Voy a tener el corazón roto para siempre si esta relación sale mal».

Cuando queremos hacer algo nuevo, creemos que, si no sale bien, el resultado es estar peor que ahora, ¿cierto?

Piensas que vas a perder algo. Por lo tanto, es mejor no moverse.

Esta forma de pensar es fundamentalmente errónea.

No encaja con los principios de creación de la realidad.

No tiene sentido.

Si te acuerdas de lo que te expliqué, eres cocreadora de toda tu realidad. Tu identidad y tu vibración atraen hacia ti las experiencias correspondientes. En otros términos, tienes los frutos de tus raíces.

Entonces ¿piensas de verdad que si cambian momentáneamente tus frutos, cambiarán tus raíces?

Por ejemplo, si decides emprender un nuevo proyecto y tienes menos dinero los primeros meses, ¿piensas que te quedarás así siempre?

No es así.

¿Por qué no? Porque todo lo que ya has creado en tu vida, todo lo que ya tienes, por definición se encuentra en tu impronta energética. Ya eres la persona que ha conseguido atraer esta realidad. Ya estás alineada con este nivel de vida, ya forma parte de tu zona de confort. En consecuencia, siempre hallarás una forma de regresar donde estás ahora. ¡Siempre! Tus raíces están programadas para crear ese nivel. Ya es tu normalidad.

Seguro que has oído ejemplos de multimillonarios que lo perdieron todo y a los pocos años consiguieron crear de nuevo su riqueza perdida.

Claro, habían perdido dinero, pero su árbol seguía siendo el de una persona próspera, a pesar de que sus frutos hubieran caído momentáneamente.

Por esta razón, volvieron a manifestar de un modo natural la realidad del campo que estaba alineada con su identidad.

Eso mismo vale para ti y todo lo que has creado en tu vida. Siempre encontrarás un modo de regresar donde estás ahora, aunque las cosas empeoren por un poco.

¡Es hora de que vayas a por lo que quieres! Lo peor que te puede pasar es que regreses al nivel que tienes ahora.

¿No te parece la mejor noticia del mundo?

¿Qué harías si decidieras que esa será tu nueva realidad?

Hasta Yoda lo dice: «El Jedi es el que ha fracasado más veces de lo que el principiante ha probado».

El fracaso no existe. Es una mentira. Una mentira que aceptaste sin cuestionarla.

Cuando le das un clip sujetapapeles a un niño de tres años y le preguntas qué es, llega con miles de posibles interpretaciones e ideas de tan extraño objeto. Cuando llega a los ocho años, esas miles de posibilidades se reducen a una sola certeza: sirve para sujetar hojas. Ya se ha cerrado sobre ellos la prisión de la interpretación única. La que nos quita la libertad de creación, de sueño y de mejora.

Un clip sirve para sujetar hojas, y fracasar es no conseguir lo que quieres.

Si nos detenemos a reflexionar, no hay ninguna dimensión de tiempo en esta definición.

¿Qué quiere decir?

¿Que fracaso es no conseguir lo que quieres la primera vez?, ¿la segunda?, ¿nunca?

Entonces, ¿cuándo es nunca?

Si sigo el camino hacia mi objetivo hasta conseguirlo, ¿el fracaso del primer o del segundo intento se vuelve un paso más en el camino?

Entonces, ¿ya no es fracaso?

La calidad de tu vida depende de la calidad de tus interpretaciones.

El fracaso no existe, solo existe el abandono de tu sueño.

Pero si tu porqué es más grande que tu miedo, no abandonarás.

Si tu porqué es más grande que tu miedo, lo conseguirás.

No esperes a no tener miedo.

Hazlo con miedo.

Cuando los bomberos se adentran en una casa en llamas, ¿crees que no tienen miedo? Por supuesto que lo tienen. Pero su propósito es mucho más grande que el miedo, y su visión de salvar vidas los lleva a superarlo.

¿Cuál es tu visión?

No tienes que ser la Madre Teresa para tener una visión válida. Con salvar tu propia vida es suficiente.

Acepta el miedo.

Acepta los noes.

Acepta que tu éxito es inevitable.

Acepta que siempre te hallas en el buen camino.

No regreses a tu cueva después de un «no». Cuantas más veces regresas a la cueva de la comodidad, más fortaleces la creencia de que no eres capaz de salir de ella. Y cada vez que refuerzas la creencia de que no eres capaz de salir de ella, más miedo tienes.

¿Cómo se disipa el miedo? Actuando.

El miedo y la novedad son dos caras de la misma moneda.

Quien está dispuesto a cambiar su vida lo hará muchas veces con miedo.

Yo sé que si durante una semana no he hecho nada que me dé miedo o me genere cierta resistencia, entonces es que no estoy haciéndole un favor a mi potencial.

Es que me he encerrado de nuevo en la cueva.

El miedo es mi aliado para asegurarme de que no he olvidado mis sueños.

Honro mi miedo.

Amo mi miedo.

Como lo amo, se transforma en amor, en amor por la vida que estoy creando.

EL MITO DE LA MISIÓN DE VIDA

En mis programas, acompaño a mujeres que se presionan de un modo tremendo para «encontrar su misión de vida». En nuestra sociedad microondas, tratamos la misión de vida como si fuera algo que se comprara online.

La realidad respecto a la misión de vida es que, cuanto más la busques, menos la encontrarás.

¿Te ha sucedido alguna vez que buscas tus llaves o tus pendientes favoritos y, mires donde mires, resulta imposible encontrarlos? Pero dos horas después, justo cuando habías dejado de buscar, aparecen como por arte de magia. ¿O que le estés contando una película a una amiga y te sea imposible recordar cómo se llama? Y al día siguiente, al levantarte, el primer pensamiento que te viene de repente es el título de la peli.

Pues con tu misión de vida ocurre exactamente lo mismo.

No se busca. Ella te encuentra cuando estás lista.

De modo que tu tarea es mantener el canal abierto.

Voy a desvelarte un secreto: voy a decirte cuál es tu misión.

Así de sencillo, en este mismo capítulo.

A nivel de nuestra alma, todos compartimos una sola misión: ser Amor y compartir Amor.

Lo sé, es megacursi, pero qué quieres que le haga. Es así. Esa es tu misión, la mía, la de todas y todos.

Tu libre albedrío te permite decidir cómo quieres ser ese canal de amor. Y mientras seas ese canal, estarás en tu misión de vida:

- Hagas lo que hagas.
- Digas lo que digas.
- Estés donde estés.

Puedes ir a comprar el pan y estar en tu misión de vida, o ir a buscar a tus hijos al cole y estar en tu misión de vida. Puedes dormir la siesta un domingo por la tarde y estar siempre en tu misión de vida. Puedes hacer un voluntariado en la perrera de tu barrio y estar en tu misión de vida.

No se trata de qué haces, sino de cómo lo haces.

Ya te habrás dado cuenta de que no hablo de trabajo. La idea de que tu misión de vida se reduce al ámbito profesional es un constructo puramente capitalista. ¿Ves lo reduccionista que es esta idea?

¿De verdad crees que puedes estar en tu misión de vida solo a través de tu trabajo?

Esto equivale a decir que tu única manera de añadir valor al mundo es produciendo.

Equivale a decir que te percibes como si no fueras más que un eslabón más en la cadena de producción de una fábrica.

Este concepto es el que nos lleva hasta el agotamiento por exigirnos siempre más y más y no parar nunca. Es el error que nos lleva a sentirnos culpables cuando descansamos y a sentirnos fracasadas por no llegar a todo.

No, mujer, no has nacido para producir.

Has nacido para ser, hacer y tener todo lo que te hace sentir amor.

Esa es tu misión de vida.

El modo como lo hagas irá variando hasta el día en que dejes el cuerpo.

De qué forma expreses el amor que eres en esencia variará a lo largo de tu vida, y te encontrarás con mil expresiones de tu misión. Irás cambiando y evolucionando, y a cada iteración de ti nacerá otra forma de cumplir con la misión de tu alma.

A nivel puramente laboral, yo cambié infinitas veces de canal para expresar mi misión. En mi vida he estudiado derecho, geopolítica, marketing y comunicación antes de dar un giro radical y formarme en decenas de disciplinas terapéuticas, yoga y coaching. He querido ser moza de cuadra y fui profesora de salsa. He trabajado en multinacionales. He sido profesora de yoga. He impartido talleres de empoderamiento femenino. Todo antes de crear mi empresa y especializarme en Manifestación.

No tenía ni puñetera idea de lo que quería hacer con mi vida. Jamás había imaginado que me dedicaría a lo que hago ahora. Si me hubiera querido presionar, seguramente no habría llegado donde estoy. Presionarte para encontrar tu propósito es como gritarle a un niño mientras está enfrascado con los deberes pensando que le ayudarás a hacerlos mejor.

¿Qué le pasará al niño? Se bloqueará.

¿Qué pasa contigo cuando te presionas?

Te bloqueas, ¿verdad?

Cuando trabajaba en comunicación y no tenía ninguna visión de futuro, mi pasión repentina por el yoga no respondía a una visión de futuro, a querer sacarle rentabilidad. No la juzgué ni la rechacé escuchando los pensamientos que decían: «no me va a servir de nada, quiero saber mi misión de vida». Empecé a practicar muchísimo porque lo disfrutaba. Y de alumna pasé a hacer la formación de profesora, aún sin pensar en dar clases. Y ya sabes el resto de la historia: Sri Lanka, despertar... Hasta hoy.

No tenía en mente dedicarme a esto, ni dejar mi trabajo. Seguí mi disfrute. Si me hubiera estresado para encontrar mi propósito, en vez de seguir mis deseos, habría bloqueado todos los mensajes que mi intuición me mandaba para guiarme. Habría intentado racionalizarlo todo y me habría saboteado.

La mayoría de las veces tu intuición te mandará señales a las que no les encontrarás sentido. Es porque la lógica no es la que manda a la hora de crear sueños. El corazón manda, y solo después de haberlo seguido te darás cuenta de que todo tuvo sentido. El secreto para encontrar tu misión es seguir el disfrute; el resto se hará en tiempo divino.

¿Hay alguna actividad nueva, algo que sientes que quieres hacer, pero no te atreves o no le ves el sentido?

Hazlo ahora.

Tu alma te está hablando, tu misión te está llamando y, paso a paso, la irás desvelando.

Ahora, antes de pasar a los ejercicios, ponte la mano en el corazón y repite en voz alta:

«¡Mi éxito es inevitable y siempre estoy en el buen camino!».

Ana

De cómo Ana pasó de estar estancada en su trabajo, donde no se sentía feliz, a ser fundadora y CEO de una empresa exitosa de cosmética natural.

«Trabajaba en una oficina más de ocho horas al día y no me sentía realizada ni profesional ni personalmente. Tampoco compartía los valores de la empresa en la que estaba. Todo el mundo me veía exitosa en ese ámbito laboral, tenía un buen puesto, un buen sueldo, pero no era feliz. No quería ir a trabajar.

»Siempre había sentido que existía algo más, y que nuestro poder como seres humanos es inmenso y real. Siempre, desde pequeña incluso, recuerdo estar convencida de que yo sería una mujer exitosa en todos los sentidos. Sin embargo, algo en mí me frenaba y me boicoteaba constantemente. Estaba frustrada porque, a pesar de tener visión y conocer la visualización, no me funcionaba. No tenía las herramientas y las técnicas adecuadas para ser responsable de mis manifestaciones y verlas materializarse en el plano físico.

»Me veía como una persona poco constante, que pasaba de trabajo en trabajo, de proyecto en proyecto, sin nunca acabar las cosas o comprometerme. Tenía miedo al fracaso, por el miedo a que los demás me vieran fracasar, y parecer débil e inconsciente.

»Empecé un primer proyecto que era de tienda, solo que ahí no trabajé mis creencias, y acabó saliendo mal. Se dispararon muchos miedos y me boicoteaba rodeándome de gente que no tenía una energía bonita, estando al lado de personas con las que me sentía mal. Andaba en círculos, hasta que encontré la clave.

»Después de pasar un proceso de autoevaluación, reencuentro conmigo misma y crecimiento en mi seguridad como mujer y como empresaria, he creado mi marca de cosmética natural. A través de ella, además de vender productos maravillosos, naturales y veganos, acompaño a mujeres en el bonito camino del autoconocimiento a través del autocuidado.

»Creé mi rutina diaria fijando objetivos reales que me hicieran avanzar poco a poco hacia mi sueño. Derrumbé mis creencias relacionadas con el dinero y la escasez y aprendí a pedir ayuda. Perdí el miedo a quedarme sin dinero y sin trabajo, aprendí a ponerme en la peor situación posible y ver que si eso ocurría no pasaba nada. Y, sobre todo, aprendí a no obsesionarme con lo que no quería.

»Empecé a ser consciente de todo lo que había conseguido en mi vida y cada día me sentía más agradecida por ello.

»De repente todo fluía fácilmente, encontré a personas que me inspiraban, escenarios que me ayudaban a avanzar, y entendí poco a poco la gran responsabilidad que tenemos con respecto a nuestros pensamientos y acciones.

»Fui capaz de conocerme más, de perdonarme e identificarme con la mujer que SÍ quería ser.

»Ahora soy una empresaria, una empresaria de éxito, rodeada de mujeres maravillosas y aporto al mundo gracias a mis dones únicos y mi pasión. Formo parte de una red empresarial internacional muy potente, tengo un equipo brillante, estoy alistándome para ir a una gran ronda de inversión y estoy muy muy muy feliz.

»Por si fuera poco, al mismo tiempo, me casé con el amor de mi vida y manifestamos un viaje a Maldivas en plena pandemia.

»Mi consejo, y lo que para mí ha sido clave, es trabajar muchísimo en la identidad e integrarla en el día a día. En construir esa versión de ti que quieres ser en el futuro y plasmarla en el presente. Sentirte como ella, crear un dibujo mental de lo que deseas y escribirlo. Luego, ir a por esa gran visión que tienes, siendo esa mujer que llevas dentro».

LAS GRANDES IDEAS DE ESTE CAPÍTULO

- Una vida sin visión no puede dar satisfacción ni sensación de realización personal.
- Si tienes un deseo, es tu destino conseguirlo.
- Escribir tu visión permite que se haga real con más certeza.
- Si intentas evitar el fracaso, también evitas tu triunfo.
- Siempre sabrás regresar al nivel de vida en el que estás ahora, aunque tengas «fracasos» momentáneos.
- Tu misión de vida es amor, y tienes miles de posibilidades diferentes para expresarla, en cada etapa de tu vida.
- Tu éxito es inevitable y el fracaso no existe, son solo pasos en el camino de tu gran manifestación.
- El Universo tiene solo tres respuestas: *Sí*, *Aún no* y *Viene algo mejor*.

Ejercicios para crear tu visión

Escribe en presente y en primera persona cómo es tu vida soñada. Para ayudarte, puedes imaginar cómo sería la vida de una versión de ti que vive en un mundo paralelo, un mundo en el que tienes todo lo que anhelas. Puedes escribir en general o pensar en diferentes áreas de tu vida, por ejemplo, facetas profesional y relacional, material o de salud. Disfruta mientras lo haces. ¡Puedes escribir tanto como desees! No hay respuestas buenas ni malas. Cuanto más te emociones al escribirlo, mejor.

Escribe tu historia con alegría y sin presión, pues todavía no tienes que saber el cómo. Solo debes tener ganas y abrirte a las posibilidades infinitas.

Recuerda: lo que no observas no se puede materializar. Es momento de que observes tu vida soñada.

6

Eres merecedora de toda la abundancia del planeta

No hay requisitos previos para ser merecedora.
Naces merecedora, y este es un mensaje que
muchas mujeres necesitan escuchar.
Viola Davis

HOLA, AUTOSABOTEADORA

La mejor esclava
no necesita ser golpeada,
pues se golpea a sí misma.

No con un látigo de cuero,
ni con palos o con varas,
ni con porras o garrotes,
sino con el látigo fino
de su propia lengua
y el sutil golpeteo
de su mente contra su mente.

¿Pues quién puede odiar
tan bien a su otra mitad
como ella a sí misma se odia?

Años de entrenamiento
se requieren para ello...

ERICA JONG,
«Alcestis en el círculo poético»

Después de acompañar a miles de mujeres por todo el mundo, me di cuenta de que esta es la creencia más dolorosa que compartimos. Creemos que no somos merecedoras de tenerlo todo. Creemos que sin una medalla olímpica, tres doctorados y haber acabado con la hambruna infantil en África, no merecemos más abundancia.

¿Por qué, sea donde sea que hayamos crecido, sean quienes sean los que nos hayan educado, sea cual sea nuestra historia personal, las mujeres compartimos esa creencia?

Te respondo con otra pregunta ¿Te has dado cuenta de lo cómodo que resulta tener un ejército de mujeres que no se sienten merecedoras? ¿Mujeres que no tomarán nunca más espacio, ni exigirán más porque piensan que aún no son lo bastante perfectas?

El simple hecho de recordar que somos mujeres reduce nuestra confianza en nosotras mismas y en nuestras capacidades.

En un estudio reciente sobre el impacto de los estereotipos de género en la psique humana, se ha testado a dos grupos de mujeres haciéndoles preguntas de lógica y reflexión. Al primer grupo le hicieron las preguntas del estudio sin más. Al segundo grupo le hicieron las mismas preguntas pero recordándoles primero que eran mujeres.

En todas las ocasiones, el segundo grupo tuvo peores resultados que el primero.*

El estereotipo de género según el cual las mujeres somos menos, menos capaces y dotadas vive en nuestro inconsciente.

* Dan Ariely, *Predictably Irrational: The Hidden Forces That Shape Our Decisions*, Harper & RoW, 2010. [Hay trad. cast.: *Las trampas del deseo: Cómo controlar los impulsos irracionales que nos llevan al error*, Ariel, 2013].

Desde hace milenios, las mujeres hemos sido sometidas, humilladas, infravaloradas y controladas por el simple hecho de ser mujeres. Se nos ha enseñado que somos toleradas en un mundo de hombres, y que lo mínimo que podemos hacer es no pedir más de lo que se nos ha dado de manera tan benevolente.

Se nos ha enseñado que no valemos nada.

En la descripción misma de Freud acerca de las mujeres, nos definimos por la «falta de» y por «no haber conseguido ser hombres», ya que «el hombre es anatómicamente superior, por lo que la mujer siente envidia del pene del hombre realizándose solo al tener un hijo varón». *(WTF!)*

En francés (mi lengua materna) existe una expresión muy común para describir una niña atrevida, valiente, juguetona y traviesa: *c'est un garçon manqué* («es un niño fracasado»). Es decir, no ha nacido niño, pero se porta como tal.

Los hombres jamás han tenido la presión por ser perfectos en todas las facetas de su vida que se nos ha impuesto a las mujeres.

Si nos centramos en la historia moderna, desde la primera Revolución industrial, después de la aniquilación de la mujer salvaje y sabia y del vínculo entre mujeres durante la caza de brujas que ya hemos comentado en el capítulo 1, las mujeres fueron domesticadas y reducidas al rol de gestar humanos que servirían de mano de obra.* En esa época, las madres fueron consideradas como las únicas responsables y fueron culpadas o juzgadas por lo que sus hijos llegarían a ser, hacer y producir en la naciente sociedad de consumo.

Se les impuso este nivel de responsabilidad sin ofrecerles a

* Silvia Federici, *Calibán y la bruja*, Traficantes de Sueños, 2010.

cambio ninguna recompensa económica, reconocimiento o prestigio.*

A nuestras antepasadas se les pidió que renunciaran a todo sueño personal para ocuparse de la familia, que se sacrificaran para cuidar de los demás, que ignoraran por completo sus propias necesidades, que lo gestionaran todo el cien por cien del tiempo, manteniendo la elegancia, la casa ordenada, el ánimo alto y la disponibilidad a todas horas.

Si bien las mujeres fuimos ganando, muy poco a poco, derechos y autonomía, el mito de la madre perfecta nunca decayó, y si nos trasladamos a los años ochenta del pasado siglo, el culto de la supermujer, que al fin nos prometía tenerlo todo —éxito profesional y vida de familia—, se volvió otra oportunidad más para que nunca llegáramos a sentirnos suficiente.

A la larga lista de exigencias se añadieron otras nuevas: conseguir ser la madre perfecta y la esposa perfecta y tener una carrera exitosa y ser guapa y disponible. Pero no demasiado exitosas, porque, de lo contrario, se nos consideraría excesivamente masculinas o «mandonas». Y tampoco demasiado guapas ni disponibles, porque se nos consideraría frívolas y no dignas de respeto.

Dicho en otros términos: en la sociedad, se ha medido la valía de las mujeres a partir de estándares que resultarán para siempre inalcanzables.

Tras milenios de sumisión, hemos llegado a vernos a nosotras mismas también a través de esta «falta» y nos juzgamos por no estar nunca a la altura. Nos machacamos con «debería haber hecho más...», «si hubiera trabajado más...», «si tuviera más diplomas...», «si hubiera empezado antes...», «aún no estoy lis-

* Maureen Murdock, *Ser mujer: un viaje heroico*, Gaia Ediciones, 2014.

ta...», «aún no está perfecto...», «aún soy demasiado joven...», «ya soy demasiado vieja...».

Nos vemos a través del filtro del «nunca soy suficiente». Y este filtro crea una tortura interna perpetua por no reconocer nuestros logros, por buscar constantemente en qué fallamos, qué hicimos mal y qué deberíamos haber hecho diferente.

Tengo una amiga que representa lo que socialmente todos reconocemos como exitosa. Es extremadamente abundante a nivel material, ha creado su propio negocio, que la apasiona, tiene una familia hermosa, un marido y dos hijas que la adoran y que ella adora. Aun así, no se considera exitosa.

Su versión del «nunca soy suficiente» es esta: «No me siento exitosa para nada. Mientras estoy trabajando me culpo porque debería estar con mis hijas y pierdo tiempo de calidad con ellas, y cuando estoy con mis hijas me culpo porque debería trabajar más».

Cada una tenemos nuestra versión única, pero sea lo que sea que hagamos, no es suficiente, porque en nuestro inconsciente no somos suficientes.

¿Qué tienen en común Michelle Obama, Jennifer Lopez, Maya Angelou y Lady Gaga? Seguro que contestas: «Su éxito y su impacto planetario». Cierto. Pero comparten algo más: todas dicen haber sufrido el Síndrome de la Impostora, esa sensación de que no merecemos nuestro éxito, de que un día la gente se dará cuenta de que somos un fraude.

¿Cómo es posible que mujeres tan famosas como estas hayan sufrido ese síndrome? ¡Si parece que lo han conseguido todo!

El motivo es que no tiene nada que ver con nuestro nivel de éxito y tiene todo que ver con cómo nos percibimos a nosotras mismas.

Y cómo nos percibimos a nosotras mismas tiene todo que ver con cómo nos han educado.

Todas hemos sido educadas en una sociedad que no nos valora.

Como comenté antes, hace milenios que el papel de la mujer ha sido el de permanecer en la sombra y apoyar al hombre, y hoy seguimos con este peso de no vernos representadas en papeles de éxito.

La gran mayoría de los cargos directivos de empresa están reservados a los hombres. Desde pequeñas, hemos visto en las películas que los papeles femeninos existían para servir a los masculinos y ser el trofeo del «macho alfa» al final de la trama. Y en la escuela nuestra función era ser buenas, obedientes y silenciosas.

Cuando queremos salir de este molde, para dejarnos ver e ir a por nuestros sueños, sentimos que hacemos algo prohibido, algo que no deberíamos hacer.

Y, como sentimos que hacemos algo que no deberíamos hacer, esperamos el peligro: que nos pillen, que nos castiguen, que nos quiten la máscara y descubran que no servimos para eso. Como resultado, nos exigimos constantemente y creemos que no merecemos más de lo que tenemos si no somos perfectas.

Cuando algo sale mal, lo más probable es que las mujeres nos culpemos a nosotras mismas. En cambio, cuando algo sale bien, damos crédito a las circunstancias, a otras personas o a la suerte y no a nuestros dones, habilidades personales o trabajo.

Los hombres hacen lo contrario.*

Es un dato medido que las mujeres solemos solicitar un ascenso solo cuando cumplimos con el 100 % de las calificaciones, mientras que los hombres lo solicitan nada más haber alcanzado

* Jessica Bennet, «It's Not You, It's Science: How Perfectionism Holds Women Back», *Times* (22 de abril de 2014).

el 50 %.* De igual manera, tenemos una cuarta parte de probabilidades de negociar nuestro salario en comparación con ellos.

Solemos disculparnos más por nuestras opiniones y añadir expresiones del tipo «me parece que...» o «solo quiero...» en los correos profesionales para suavizar nuestro tono, aun cuando estamos en profundo desacuerdo. No queremos ser juzgadas de «exageradas», «rabiosas» o «mandonas» o «histéricas».

En una conferencia, se le pidió a Hillary Clinton que diera consejos profesionales a la generación más joven de mujeres. Su respuesta fue: «Una de las diferencias es que cuando le digo a una mujer joven: "Quiero que asumas esta responsabilidad adicional", casi invariablemente ella responde: "¿Cree que estoy preparada?". En cambio, cuando se lo digo a un hombre, él responde: "¡¿Cuándo empiezo?!". Demasiadas mujeres jóvenes son más duras consigo mismas de lo que justifican las circunstancias. Con demasiada frecuencia se infravaloran».

Hemos integrado el patriarcado como un verdugo interior que nos hace dudar de nosotras mismas en cada momento.

TODO EMPIEZA POR TU CUERPO

> Para presumir hay que sufrir.
>
> Refrán español

De pequeña, cada año veía en la tele, con mi padre y mi hermano, el concurso de belleza donde se elegía a Miss Francia, y a veces mi madre se sentaba con nosotros. En esos momentos no sabía que esto tendría un papel clave en la anorexia que sufriría

* *Ibid.*

unos años después, durante ese periodo tan delicado de navegar que es la adolescencia.

Lo que era un momento en familia aparentemente agradable e inofensivo plantó en mí la semilla de que lo más importante que podría conseguir en este mundo para ser amada sería la belleza y la delgadez.

Entendí, a nivel subconsciente, que si no llegaba a ser de las mujeres más guapas del país, no valdría nada lo que hiciera. Entendí que mi cuerpo es un objeto público sobre el que podían opinar desconocidos, y el punto de partida para decidir si merezco la victoria, la fama, el dinero, el reconocimiento y el amor.

En mi mente no existía otra vía para alcanzar el éxito que ser guapa y delgada. Claro, me exigían buenas notas, pero no era nada comparado con la potencia del ejemplo que veía: los hombres de mi vida, mis referentes masculinos, se extasiaban ante las mujeres bellas que no hablaban ni opinaban. Punto.

Una imagen vale más que mil palabras.

Durante años, varias veces a la semana me iba a la cama llorando y pidiendo a ese Dios que me había hecho con el cabello rizado y el cuerpo redondo que durante la noche me convirtiese en una niña alta, delgada, con el cabello liso, los dientes perfectos y los rasgos finos.

Ese era mi sueño de futuro, ese era mi deseo antes de irme a dormir.

Sin saber aún nada de Manifestación, esperaba que si lo quería y lo visualizaba lo suficiente, tal vez podría ocurrir de verdad.

No usaba mi valioso tiempo ni mi energía para imaginar mi vida feliz, mi carrera profesional, los viajes que haría o descubrir cuáles eran mis sueños. No. Lo usaba para esperar ser más guapa. Esa era la meta máxima. Por la mañana, me levantaba con el nudo en la garganta por ser yo otra vez y por tener que vivir un día más sin formar parte del grupo de las guapas, de las que destacaban y atraían la mirada de los hombres.

Porque eso era lo más importante, ser vista por los hombres.

En un momento de nostalgia, hace poco, volví a ver una película antigua de James Bond. ¡Alucinante! Todas las mujeres estaban hipersexualizadas y semidesnudas, silenciosas y esperando a que 007 se dignara a dedicarles un momento de su tiempo o, aún mejor, una noche de sexo. La famosa «chica Bond» por supuesto, no podía ser menos que una modelo de pasarela. Lo que más me sorprendió es que no lo recordaba así para nada; no me había chocado siendo niña. Como no tenía otra referencia, pensaba que era normal, que las mujeres somos secundarias, superficiales y que nuestro papel es ser guapas y estar calladas.

Es esencial que entiendas que la dictadura de la belleza y del cuerpo perfecto no tiene nada que ver con la belleza en sí.

En realidad, nunca se ha tratado de belleza, sino de sumisión.

Que te hagas más pequeña, que no te sientas merecedora de ser, de hacer o de tener más que las migas que reservaron para ti.

Naomi Wolf, en su best seller clásico *El mito de la belleza*, levanta el velo sobre la realidad de este mito y de qué manera se ha usado en contra de las mujeres. Demuestra cómo, a medida que las mujeres dejaban de ser únicamente amas de casa para empezar a incorporarse a la vida pública, la presión social por la belleza fue en aumento, exigiendo niveles siempre más difíciles de alcanzar.

Cuanto más poder adquirían las mujeres, más presión se ejercía sobre su cuerpo. Los mensajes publicitarios acerca de la delgadez y la juventud se hicieron más presentes y estrictos.

Con las tres oleadas del feminismo, en los siglos XIX, XX y XXI, el patriarcado perdía cada vez más peso y herramientas para reprimir las libertades de las mujeres. La presión por la belleza devino más violenta a cada generación que pasaba porque era (es) lo último que quedaba para mantener el poder sobre nosotras.

Sin esa presión latente y perpetua seríamos insumisas.

En los medios, la publicidad de productos domésticos fue reemplazada por la de productos dietéticos, el estereotipo de la mujer joven y deseable reemplazó al de la madre de familia feliz.

En los años sesenta, con la revolución hippie, mientras conseguíamos sentirnos más dueñas de nuestro cuerpo y liberar nuestra sexualidad, el uso y la divulgación de la pornografía, basada en la humillación de las mujeres, explotó hasta ser hoy una de las industrias más lucrativas del mundo, junto con la industria de la dieta.

Justo en la misma década de liberación apareció también el nuevo canon de belleza inalcanzable, el de la mujer hiperdelgada, con unas piernas larguísimas que lucía con la nueva minifalda. Los dos vinieron a defender una dominación masculina que estaba en peligro.

Wolf escribe que el mito de la belleza «no tiene nada que ver siquiera con las mujeres. Tiene todo que ver con las instituciones patriarcales y el miedo de los hombres a perder sus privilegios. [...] El mito de la belleza es necesario para la supervivencia de la estructura de poder».

Ya que no podían mantenernos encerradas en casa, pues ya iba en contra de la ley, la cultura y la economía, hacía falta encontrar una forma para que nosotras mismas nos sintiéramos siempre inferiores y no válidas, para que nunca nos creyéramos merecedoras de pedir más, ser más, hablar más ni conseguir más.

Por ello, los atributos específicos que se consideran «bellos» en una mujer son símbolos de lo que se espera de nosotras en la sociedad.

Ser joven es igual a ser inexperimentada, impresionable, dócil y maleable.

La delgadez es una metáfora del espacio que ocupamos. El espacio que no debemos tomar, en nuestra vida y en la sociedad. Hacernos más pequeñas, apenas visibles, apenas toleradas.

Por la misma razón se valoran las canas y las arrugas en los hombres, ya que representan el liderazgo y el poder. Por el contrario, una mujer que ha llegado a la edad de la menopausia es temida, hay que mantenerla alejada, porque representa atributos que hacen temblar las estructuras patriarcales: confianza en sí misma, experiencia, sabiduría y poder.

El mito de la belleza es la versión moderna de la Inquisición de la Edad Media, solo que ahora nos negamos a nosotras mismas el derecho a un juicio justo y nos torturamos cada vez que nos miramos al espejo. Está tan interiorizado, que ni nos damos cuenta de que nos autosaboteamos. Se trata de la tortura moderna más inteligente, pues es autoinfligida. Es tan automática que nadie nos la tiene que imponer desde fuera. Ya no hace falta ningún verdugo, nosotras mismas hacemos el trabajo.

MALA, MALA EVA

Los abusos descritos anteriormente y la creación del mito del no-merecimiento de las mujeres arraigaron en un acontecimiento anterior: el rechazo de lo femenino, representado en la persona de Eva, que, para la religión cristina, no es nada menos que la responsable de la caída de la humanidad.

Jimmy Laura Smull, en su libro *Healing Eve: The Woman's Journey From Religious Fundamentalism to Spiritual Freedom*, cita el comentario de una mujer criada en una familia religiosa: «Lo primero que comprendí acerca de mí misma fue que cometí un grave error al ser mujer, y no debería haber hecho eso. Desde el principio lo supe, ¿sabe? Era Eva, Eva y la manzana, la mala Eva».

El cuerpo y la sensualidad de Eva fueron los culpables de esa caída y de la perdición de un pobre e inocente Adán. En respuesta a esa culpa, poco a poco se borraron todas las divinidades femeninas y lo sagrado del cuerpo femenino. La Venus de Willendorf, que es la obra de arte prehistórico más antigua que se ha encontrado, representa una mujer fértil hecha de arcilla con los pechos, la barriga y las piernas abundantes. Junto con ella, Atena, Histara, Ixchel, Diana, Astarté y todas las diosas vírgenes (que, por cierto, «virgen» no quería decir que no había tenido sexo, sino que era sexualmente independiente y se pertenecía solo a sí misma) desaparecieron en favor de un dios único, hombre.

La Gran Diosa, Madre Universal y creadora de la toda la naturaleza, fue transformada en la figura de María, cuya única función era crear un vínculo casto entre un dios hombre y su hijo.*

Maureen Murdock, en *Ser mujer: un viaje heroico*, recopila fragmentos de entrevistas en las que las mujeres explican su sensación de no merecer por culpa de esa herencia cultural. Una de ellas dice: «Creo que nunca daría la talla, porque, por mucho que haga o por mucho que logre, nunca seré "Hijo de Dios". ¿Cómo me puedo sentir a la altura de los hombres, si Dios es

* Lister, *op. cit.*

hombre? Creo que el motivo de mi ansiedad es que lleno siempre mi vida de trabajo, porque mi autoimagen como mujer es muy baja. Estoy siempre intentando llegar a la altura del Hijo de Dios».

No culpo al cristianismo ni a la religión, y tengo muchas alumnas cristianas que, en vez de decir «Universo», prefieren usar la palabra «Dios» porque es su forma de conectar con la Vida. Es perfecto.

Dicho esto, para mí es importante que sepamos cómo hemos llegado hasta este punto para poder liberarnos después. Entender el pasado para poder transformarlo.

A través de este rechazo de lo femenino y del cuerpo de las mujeres, poco a poco, la sangre menstrual, que daba vida y que era considerada sagrada en las tradiciones ancestrales, empezó a ser la representación de nuestro error: haber nacido mujer.

En su libro *Cuerpo de mujer, sabiduría de mujer*, la ginecóloga Christiane Northrup escribe que, a pesar de que miles de años atrás y en las tradiciones aborígenes, a las mujeres que estaban menstruando se las consideraba sagradas, «en la mayor parte de la historia occidental escrita, e incluso en los códigos religiosos, el ciclo menstrual se ha relacionado con la vergüenza y la degradación, con la naturaleza oscura e incontrolable de las mujeres. Se les ha considerado sucias».

Aún hoy debemos esconder la menstruación, que nadie vea una mancha, aunque ningún humano sobre el planeta existiría sin ella. Hay que reconocer que resulta muy inteligente hacerte sentir vergüenza por lo que eres por naturaleza.

Si tienes un defecto de fábrica, ¿cómo vas a merecer lo mejor?

Esta forma de descalificación de lo que somos en esencia dio luz a una imagen reductora de la feminidad como defectuosa, sumisa y servicial. Esto es un extracto de una hoja adjunta a una caja de tampones de 1963, tomado del libro de Northrup:

«Si descuidas las sencillas normas que hacen de la menstruación un periodo normal del mes y te retiras cada mes durante varios días como si estuvieras enferma, te aprovechas de la afabilidad de tu marido. Él se casó con una esposa a jornada completa, no a jornada parcial. Así pues, deberás estar activa, animosa y alegre todos los días».

Si aceptamos adaptarnos a esos patrones, nuestro reto será ser siempre jóvenes, guapas, alegres y activas ¿Ves dónde está el origen de esta autoexigencia constante por ser la supermujer que llega a todo?

Es una lucha que no puedes ganar.

Y punto.

La única vía es salir de ella.

RESPONSABILIDAD ES LIBERTAD

Puede que leer este capítulo te haya enfadado mucho. Yo misma sentí rabia al escribirlo. Pero ya vemos la luz al final del túnel. Es verdad, enfada y da tristeza saber que vivimos en una sociedad en la que la tendencia está más en contra que a favor de nosotras. Pero como Simone de Beauvoir escribió, «una no nace mujer, una se hace mujer»; una no nace no merecedora, una se hace no merecedora.

La responsabilidad empieza cuando entendemos cómo hemos heredado el no-merecimiento y que, como todo patrón aprendido, podemos desaprenderlo. Al igual que hemos aprendido a sentirnos no-merecedoras, podemos aprender a sentir que sí merecemos todo el éxito, el amor y la abundancia del mundo.

Podemos reemplazar un automatismo por otro gracias a la plasticidad de nuestro cerebro.

La responsabilidad tiene mala prensa porque la confundimos con presión y culpabilidad.

Ser responsable no quiere decir que tengas la culpa de lo que te ha pasado. Ser responsable quiere decir que, a pesar de lo que pasó, puedes crear tu futuro.

La responsabilidad no es culpabilidad.

La responsabilidad es Libertad.

Ser responsables de nuestra vida significa que podemos cambiar cualquier circunstancia que no nos guste. Quiere decir que podemos destruir o crear como la diosa Kali y que no tenemos que esperar ni depender de nadie. Quiere decir que podemos ser mucho más felices y realizadas de lo que jamás habíamos pensado. Quiere decir que el trabajo para conseguirlo es nuestro, y los regalos del camino, también. Podemos repetir todos los días las razones por las que no podemos, o bien crear las razones por las que sí podemos.

Durante la mayor parte de mi vida fui una auténtica profesional en quitarme la responsabilidad de absolutamente todo. Durante años, el patriarcado era el tema que, si lo sacabas, podías estar segura de que terminaría en discusión. No me importaba arruinar una cena con amigos y acabar gritándoles a todos los que no entendían el daño que nos han hecho los hombres. Repetía a quien quería oírlo (y sobre todo a quien no quería) el horror de ser mujer en una sociedad que no nos reconoce ni nos valora, en la que es demasiado difícil para nosotras conseguir trabajo, dinero, o incluso felicidad.

En efecto, en ese momento no tenía ni el trabajo ni el dinero que quería, y me sentía cero realizada y cero feliz. Pero, claro, no era mi responsabilidad salir del modo zombi; era todo culpa de la sociedad machista.

Al aceptar esto como mi verdad, yo era quien me estaba limitando, la que creaba una realidad en la que no era capaz de salir de mi bucle de pensamientos negativos y de mi vida sin dirección ni sentido.

Mientras me estaba enfadando con el mundo, me estaba dejando sola.

Hace un tiempo, me contactó una periodista feminista que, curiosamente, se había ofendido mucho al conocer mi trabajo. Según ella, era dañino hablar de responsabilidad, decir que somos nosotras quienes creamos nuestra realidad y que somos capaces de crear nuestro propio éxito. Esto no se podía llamar feminismo, ya que el feminismo era ir en contra del sistema patriarcal y capitalista que nos oprime de una forma determinada, por lo que tendríamos que estar siempre enfadadas y, sobre todo, no deberíamos emprender un negocio, porque los negocios son parte del sistema.

Por el contrario, a mí me parece dañino que nos consideremos víctimas perpetuas de la vida y de la sociedad. Me parece dañino y peligroso que nos estanquemos en una sola lectura de nuestra historia y en una sola forma de entender lo que somos como mujeres. Me parece dañino reducir lo grandes, lo capaces, lo maravillosas y lo mágicas que somos a la figura estéril de víctimas del patriarcado.

Me niego a ser una víctima toda la vida. Me parece dañino dejar en manos de otros nuestro poder de decidir qué futuro crear para nosotras mismas. Quedarnos allí significa hacernos expertas en nuestras propias limitaciones. Y al ser expertas en nuestras propias limitaciones, no nos responsabilizamos de nuestra vida. No miramos hacia dentro (donde duele) ni identificamos lo que debemos transformar para cambiar nuestros resultados.

El tema es que cuando apuntas al otro, tres dedos te apuntan a ti.

Obviamente, las políticas de igualdad de género, las cuotas y las leyes que nos protegen de la discriminación son fundamentales, porque vivimos en una sociedad que no nos valora. Sin embargo, esas medidas no son suficientes; nunca lo serán. Seamos cada una el Caballo de Troya que entra en el sistema y lo cambia desde dentro.

Normalicemos a las mujeres que van por sus sueños.

Normalicemos a las mujeres que se aman a sí mismas.

Normalicemos a las mujeres con grasa, celulitis, arrugas y canas.

Normalicemos no ser perfectas.

Normalicemos a las mujeres que se permiten tener éxito.

Normalicemos a las mujeres ricas y poderosas.

Normalicemos a las mujeres realizadas y felices.

Normalicemos el ser mujer y tenerlo todo.

Normalicemos a las mujeres que se dejan ver.

Normalicemos a las mujeres que apoyan a las otras mujeres.

Ninguna ley nos permitirá crear la vida de nuestros sueños.

Ninguna política de igualdad nos ayudará a encontrar nuestro propósito de vida.

Esperar que la sociedad cambie para obtener el permiso de crear la vida que de verdad nos merecemos es poner nuestra vida en pausa, pero resulta que no hay tiempo para la pausa.

La mayoría de los libros sobre la ley de la atracción y la manifestación omitirán hablarte del patriarcado, quieren quedarse solo en la luz y en lo bonito. Pero para mí es fundamental hacerlo. Es necesario hablarlo para poder decirte que...

- Aunque vivas en una sociedad que tiende a despreciarte por ser mujer, puedes conseguir todos tus sueños.
- No hay límite a lo que puedas ser, hacer y tener.
- Si tienes un deseo, tu destino es cumplirlo.
- Eres capaz de manifestar todo lo que albergas en tu corazón, y lo mereces simplemente por existir.

Tu éxito es inevitable, siempre; no admite condiciones.
Es tiempo de desaprender las mentiras que nos hacen daño:

- «Valgo más si soy guapa, joven y delgada».
- «Si no soy guapa, joven y delgada, no me puede ir tan bien en la vida».
- «Si no soy guapa, joven y delgada, no merezco tanto éxito (ni amor, ni felicidad)».
- «Si no soy guapa, joven y delgada, no puedo ganar mucho dinero».
- «Si no soy guapa, joven y delgada, tengo que conformarme con lo que me dan y con lo que hay».
- «Si no soy guapa, joven y delgada, no merezco sentir placer en la cama».
- «Si no soy activa y alegre todos los días, no merezco una pareja que me ame».
- «Valgo menos solo por ser mujer».
- «En esencia hay algo malo en mí».

Cuando te niegas a ir en busca de lo que quieres, porque sientes que no vales lo suficiente, sigues con esta sumisión interna.
Cuando decides sentirte pequeña, le dices que sí a tu patriarcado interior.
Cuando esperas a ser perfecta antes de lanzarte a por tus

sueños, nutres el patrón de este antiguo paradigma de pensamiento.

Todo eso no es tuyo ni te pertenece.

Es hora de soltarlo.

Es hora de aceptar que eres merecedora, aunque no seas perfecta.

Esa es la verdadera luz divina.

¿QUÉ LE DIRÍAS A TU NIÑA?

Tómate un momento para imaginar que tienes delante de ti a la niña que eras. Recuerda su rostro, su ropa, la expresión de su cara. Recuerda sus sueños y sus juegos. Recuerda su curiosidad, su emoción y su inocencia.

Ahora imagina que la miras a los ojos y le dices:

—No te mereces nada. No eres lo bastante guapa. No sueñes demasiado grande, no pasará. Ya tienes suerte con que te cuide. Tendrías que ser perfecta, pero nunca lo conseguirás. Es imposible. Ya has fracasado antes de intentarlo. Nadie te amará por lo que eres.

¿Le dirías eso?

Nunca le hablarías así a tu niña.

A mí se me encogió el corazón nada más escribirlo. Enseguida tomé mentalmente a mi niña en brazos y le dije que esas frases solo las decía para el libro, porque quería que otras mujeres pudieran volver a amarse.

Si la tuvieras delante, estoy segura de que tendrías ganas de ser la madre cariñosa que tal vez no tuvo, de que desearías enseñarle que el mundo es suyo, que nada es demasiado bueno para ella, que es capaz de crear todo lo que se proponga, que es merecedora sin tener que hacer nada. En definitiva, que alcanzarías las estrellas para dárselas.

Pero sucede que cada vez que te culpas y que te desprecias, ella recibe un golpe, lo escucha, lo siente todo, y se ve por dentro cada vez más y más rota.

Está claro que con toda la historia que cargamos a nuestras espaldas tenemos un automatismo de autocrítica. Pero ya puedes descansar: el amor que eres en esencia no conoce al dios castigador que hemos creado. Nuestros egos no saben amar y han creado una divinidad a su imagen y semejanza.

Dios, el Universo, la Fuente, la Diosa...Todo ello es puro Amor.

El Universo no castiga.

El Universo no discrimina.

El Universo no juzga.

El Universo no es ajeno a ti.

El Universo eres tú, materializado en persona.

El Universo es Amor.

El Amor te guía y te protege a cada paso.

El Amor siempre conspira a tu favor.

El Amor está muy orgulloso de la mujer que eres.

El Amor te ama exactamente tal y como eres ahora.

El Amor espera que tú también te veas con sus ojos y te trates con amor, y así aceptes los regalos que te manda sin cesar.

Cuando te abres al merecimiento, al mismo tiempo te abres a recibir toda la abundancia que es tuya por derecho de nacimiento.

Seguro que has vivido alguna vez esa escena con la típica amiga a la que le dices que su vestido es muy bonito y te respondede: «Bah, lo compré por cinco euros, ¡no vale nada!». Ella (tú) se niega a recibir, aunque sea tan solo un cumplido. Refleja que va por la vida diciendo «no, no, no» a lo bueno que le quiere llegar. Anda con un pie pisando el acelerador y el otro pisando el freno.

Durante gran parte de mi vida no pensaba que fuera merecedora de hacerme regalos. Por Navidad, me di cuenta de que podía gastar todo mi dinero para mi familia, pero invertir en mí me hacía sentir culpa y vergüenza.

La verdad es que no hay un examen final de la vida donde nos vayan a evaluar como merecedoras. Es una decisión que debemos tomar nosotras, aquí y ahora. Nosotras debemos decidir que lo merecemos todo: invertir en nosotras, descansar, crecer, disfrutar de la vida. Debemos decidir ahora que lo merecemos todo y recordárnoslo a nosotras mismas cada día.

De nuevo, te pido que, después de leer este párrafo, cierres los ojos e imagines a tu niña delante de ti. Mírala, mírala qué feliz está de que decidas ocuparte de ella, que dejes de esperar que alguien de fuera te haga sentir merecedora. Tómala en tus brazos y dile lo que tal vez nunca te has dicho a ti misma:

- «Estás a salvo».
- «Estoy orgullosa de ti».
- «Estoy tan feliz de que estés aquí».
- «Tienes derecho a tener necesidades».
- «Tienes derecho a sentir tus emociones».
- «Tienes derecho a cometer errores».
- «Tienes derecho a descansar».
- «Te amo, y te amaré hoy, mañana y siempre, pase lo que pase».

La relación que tenemos con nuestra niña interior es clave para despertar nuestro amor propio.

Al reconectar con ella, colmas el agujero del no-merecimiento que tienes por dentro. Ella es la niña que tú eras antes de que tuvieras que ponerte una máscara para adaptarte y sobrevivir en tu familia, en tu sociedad y en tu cultura. Ella es tu Ser Auténtico, tu Esencia, que recuperas un poco más cada vez que cuidas de ella.

Cuidar de ella significa:

- tratarte con compasión cuando has cometido un error porque eres humana y esto pasa,
- permitirte descansar (antes de llegar al agotamiento y caer enferma),
- felicitarte cuando haces algo por primera vez o aprendes algo nuevo, decirte palabras de ánimo y cariño sin una razón concreta, reconocer tus emociones y expresarlas (lo hablaremos más en el próximo capítulo),
- preguntarte a menudo «¿cómo estás?, ¿qué necesitas?, ¿qué puedo hacer por ti?» y cumplir con estas peticiones como si fueran tan importantes como las de otros (porque lo son),
- jugar y pasar tiempo haciendo algo solo por el gusto de disfrutar, sin ningún objetivo de productividad, de crecimiento o de aprendizaje,
- decir que «no» si no te apetece una salida o una actividad, aunque esto pueda decepcionar a otras personas.

Tal vez pienses que si eres tan indulgente, ya no alcanzarás tus metas. O que para conseguir los grandes objetivos que tienes, es imprescindible que seas dura contigo misma, porque si no te desviarás del camino. Pero es todo lo contrario. Se ha comprobado que las personas que practican la autocompasión tienen más éxito a largo plazo, gestionan mejor el estrés y gozan de mejor salud.*

Al conectar con su yo auténtico, estas personas pueden ver sus errores, sus defectos y sus faltas con más objetividad y menos culpabilidad. Esto les permite mantener sus niveles de hormonas de estrés más bajos y, así, reflexionar mejor y encontrar soluciones más válidas para cada problema.

Además de estos beneficios, al no identificarse con lo que no sale bien, dejan de buscar pruebas en el mundo exterior de que no lo conseguirán, lo que aumenta su motivación y constancia a largo plazo. Asimismo, esa actitud les permite entrenar su sistema de activación reticular para centrarse en las oportunidades y en el mejor camino para materializar todas sus metas. Observan el «gato vivo» y se alinean con la línea del tiempo en la que consiguen todos sus deseos.

LO QUE ES DE VERDAD LA ARROGANCIA

Si aún no te convence la idea de ser autocompasiva, me gustaría compartir contigo un último detalle antes de cerrar este capítulo.

Algo que me ayudó a liberarme de la carga del no-merecimiento fue descubrir que durante toda mi vida había creído una mentira.

La mentira de que es noble hacernos pequeñas.

Nos han hecho pensar que reconocer nuestra grandeza es presumir y ser narcisista. Pero estamos equivocadas.

---

* Kristin D. Neff, Ya-Ping Hsieh y Kullaya Dejitterat, «Self-compassion, Achievement Goals, and Coping with Academic Failure», *Self and Identity*, 4, 2005, pp. 263-287.

Lo arrogante es identificarnos con nuestro ego.

Te hablo a ti, que estás leyendo estas líneas.

Lo arrogante es pensar que eres menos que el Ser perfecto que ha creado el Universo.

Lo arrogante es negarte a cumplir con la misión por la que se te ha creado, que es vivir en bienestar, abundancia, amor y felicidad.

Lo arrogante es decidir que tu visión limitante de ti misma es la correcta y que sabes mejor quién eres que la Vida misma.

Lo arrogante es pensar que no tienes la capacidad de conseguir todo lo que te propones, cuando todo el Universo conspira a tu favor.

Lo arrogante es pensar que eres solo un cuerpo limitado y que tu espíritu no va más allá de los contornos de tu pequeña persona.

Lo arrogante es pensar que eres una impostora y así decir que toda la gente que confía en ti es tonta.

Lo arrogante es pensar que no eres merecedora.

Lo arrogante es creer que eres pequeña.

Lo arrogante es limitarte.

Por lo tanto, tienes derecho a pedir.

Es tu deber pedir.

Pide por todas las que no pudieron hacerlo antes de ti.

Pide a la Vida, y pídele mucho, que te lo quiere dar todo.

¡Es momento de reconocer que tu responsabilidad es descartar todo lo que te limita!

Ponte una mano en el corazón y repite conmigo en voz alta:

«¡Dejo de a hacerme pequeña!».

«¡Yo soy merecedora de toda la abundancia del planeta!».

«¡Merezco amor, merezco paz, merezco milagros a diario!».

«¡Merezco ser millonaria, merezco ser feliz, merezco ser valorada!».

«¡El mundo tiene muchísima suerte de tenerme!».

«¡Mi éxito es inevitable!».

Sienta bien, ¿verdad? Pues sí, sienta bien porque es la verdad.

Tu éxito es inevitable y siempre eres merecedora de toda la abundancia del planeta.

Ahora repítelo de nuevo, pero más alto, más claro, y mejor aún si lo haces delante del espejo. Verás que sienta de lujo. Si, de todo lo que te cuento en el libro, solo haces esto cada día, tu vida dará un giro inmenso.

Ahora, antes de pasar a los ejercicios, ponte la mano en el corazón y repite en voz alta:

«¡Mi éxito es inevitable y siempre estoy en el buen camino!».

SI ELLA PUEDE, TÚ TAMBIÉN

Lidia

De cómo Lidia integró el merecimiento para recuperar su voz y dejarse ver.

«Empecé cargada de miedos a la crítica, al juicio, siempre en la sombra, pasando desapercibida... Si algo me molestaba, guardaba silencio por no incomodar. Incluso me recuerdo muy tímida en mis primeros años, con muchísimas resistencias a mostrarme.

»A veces me sentía un tanto maltratada, porque cedía ante todo, porque creía que lo mío nunca era tan importante como lo de los demás. Lo mío siempre podía esperar, así me lo hacían saber y así me lo creí durante años. Siempre dándoles el poder a los demás.

»Cuando comprendí que sí, era merecedora, y sí, tenía poder, solté relaciones tóxicas de amistades, alcé mi voz frente a quien se creía con soberanía sobre mí, tomé responsabilidad ante injusticias que me tocaban de lleno y me dispuse a poner límites. Lo hice aun cuando a veces me sentía mala, aun cuando me sentía egoísta y culpable por anteponer mis necesidades a las necesidades de los demás. Claro, es que siempre había estado programada para hacer lo contrario.

»Por primera vez, me permití hacer lo que salía de dentro de mi mujer salvaje. Y no niego que al principio el proceso fue doloroso, como una serpiente mudando de piel. Pero era algo tan necesario que ya no había vuelta atrás.

»Por primera vez en mi vida, sentí que yo era el centro, lo más importante.

»El impacto más fuerte de todo eso es que he recuperado mi voz y mi valor personal, que me sé única y merecedora, porque no soy más que nadie, pero tampoco menos. ¡Incluso he sido capaz de hablar en público!, cosa que antes habría sido impensable. Sin miedos o, más bien, a pesar del miedo. Por fin puedo sentirme libre para expresarme, y sé que mis palabras tienen valor y que tengo mucho que ofrecer a este mundo a través de mi voz.

»En un año ya han sido muchas las ocasiones en que he hablado en directo dando charlas delante de muchísimas personas. ¡Lo he llegado a hacer incluso delante de un grupo de más de doce mil mujeres!

»Ya no me escondo como la mujer que soy. Empecé a dar charlas delante de personas que no conocía de nada, dejándome ver, alzando mi voz, dando valor a lo que hago, a mis conocimientos que sé que pueden beneficiar a los demás. Algo que nunca antes me había atrevido a hacer. Mostrarme tal como soy, en mi más pura esencia, auténtica y vulnerable, como todas.

»Me quiero muchísimo y me emociono al decirlo, porque no es una actitud prepotente o narcisista, como nos habían contado.

»Espero que tú, que me estás leyendo, también logres enamorarte perdidamente de ti misma. Ya que todo empieza desde ahí, desde el amor propio. Mi consejo es que te priorices siempre y te valores, porque nadie es más importante que tú misma».

LAS GRANDES IDEAS DE ESTE CAPÍTULO

- El no merecimiento que sienten el 99,9 % de las mujeres viene de una sociedad que nos ha despreciado solo por serlo.
- La presión sobre nuestro cuerpo y el mito de la belleza han sido y siguen siendo instrumentos de sumisión, para convertirnos en personas acomplejadas y manipulables.
- La responsabilidad es libertad. Aunque vivamos en una sociedad patriarcal, recuerda que eres capaz de manifestar tus sueños más grandes, y que te lo mereces TODO y más.
- Tenemos un papel importante que jugar en la normalización de las mujeres triunfadoras, poderosas y felices.

- Tu niña interior es la mejor vía para recuperar tu sensación de merecimiento. Háblale a ella cómo te habría gustado que te hablaran cuando eras pequeña.
- Lo que es de verdad arrogante es hacerte pequeña, en vez de aceptar que eres el Universo encarnado en la tierra para manifestar abundancia para ti y los demás.

Ejercicios para sentirte merecedora

1. Coge una foto de cuando eras niña y llévala siempre contigo.
Cada vez que te hables mal, recuerda que le hablas a ella. Imagina que está contigo.
Pregúntate: «¿Esto es realmente lo que quiero decirle?».
¿No? Ok, pues entonces, ¿qué le quieres decir?
Díselo todo ahora.

2. Cada día, hazte varias veces las tres preguntas de merecimiento:
¿Cómo me siento?
¿Qué quiero ahora?
¿Qué puedo hacer para cumplir esta necesidad/este deseo?
Al principio no sabrás qué contestar. Es normal, estás acostumbrada a no hacerte caso. Como en todo, te costará un poco reconectar con tus necesidades y aprender a satisfacerlas.
Cada vez que consigas una respuesta a la pregunta «¿qué quiero ahora?», date el gusto, aunque sea algo pequeño como prepararte una taza de té o levantarte para hacer unos estiramientos. Verás que cuando te entrenes para saber lo que quieres con cosas pequeñas, las cosas grandes acabarán llegando.

3. Por último, escribe, sin pararte a pensarlo, una carta de amor a ti misma, como si se la escribieras a alguien que valoras y amas muchísimo.

7

Vive feliz como una Manifestadora Experta

Llorar no es señal de debilidad.
Desde el día en que naciste,
es señal de que estás viva.
Charlotte Brontë

EMOCIONES

¿Eres amiga o víctima de tus emociones?

Con mi equipo nos referimos a la primera semana de cada nueva edición de *Manifiéstalo* y *Eres un imán para el dinero* como «el torbellino de emociones».

Las alumnas, justo después de dar el salto de invertir en ellas mismas y de empezar a mirar hacia dentro para soltar sus patrones de escasez, están *on fire*. Pasan el abanico completo de emociones: miedo, rabia, euforia, alegría, amor, tristeza, pasión, ansiedad, y vuelta a empezar.

Por un lado, su alma está dando saltos de alegría porque han dicho que sí a crear la vida de sus sueños. Por otro, su cerebro primitivo está absolutamente ofendido de que se atrevan a salir del modo zombi.

Obviamente, estamos aquí para apoyarlas, y sabemos que les espera una gran transformación.

Este momento es como una metáfora de la vida: si dejas que tus emociones te controlen, permitirás que tu cerebro primitivo te bloquee a cada paso que des. En cambio, si aprendes a gestionarlas, la recompensa será más grande de lo que jamás habrías imaginado: crear la vida que deseas.

¿Cuántas veces te ha sucedido que has dejado de lado un proyecto por sentir ansiedad o frustración?

¿Cuántas veces sentiste una melancolía inexplicada que te impidió disfrutar de momentos que habías aguardado durante mucho tiempo?

¿Cuántas veces callaste algo que querías expresar porque te sentías insegura?

Si eres como yo, muchas.

Si queremos manifestar nuestra vida soñada, debemos dominar nuestras emociones. Fíjate que no he dicho «controlar», sino «dominar». Hay una gran diferencia.

En el mundo espiritual se suele hablar de dos formas de enfocar la evolución personal: la primera es: «Siente a fondo tus emociones y no hagas nada para cambiarlas porque son sagradas», y la segunda: «No tienes derecho a sentir otra emoción que la gratitud y la felicidad, de lo contrario no manifestarás lo que deseas».

Desde mi punto de vista, las dos se quedan cortas, y estoy convencida de que debemos honrar todas nuestras emociones y, al mismo tiempo, entrenar nuestro sistema nervioso para sentir repetidamente las que más nos empoderan.

Los partidarios de sentir solamente las emociones placenteras se olvidan de un dato fundamental, que tú misma averiguarás sin que yo te lo diga.

Lee la siguiente lista de las ocho emociones básicas del ser humano:

Miedo – Ira – Disgusto – Vergüenza – Tristeza –
Sorpresa – Alegría – Amor

¿Cuántas de ellas se consideran positivas?

Solo dos, la alegría y el amor (la sorpresa es neutra ya que puede llevar a cualquier otra emoción), son emociones agradables.

Sin embargo, cuando empezamos a desarrollarnos a nivel personal, queremos estar siempre en ellas y nos culpamos cuando no lo conseguimos.

¿Ves el problema con esta exigencia?

Necesitamos todas nuestras emociones.

En el lugar de origen de nuestras almas, ya sea el Universo, la Fuente, Dios o como quieras llamarlo, el miedo no existe, solo conocemos el Amor.

Hemos decidido venir a esta escuela que es el planeta Tierra para vivir la maravillosa tormenta de emociones de la experiencia humana. Nos encarnamos en el plano físico para tomar conciencia de nuestra propia esencia y elegir conscientemente regresar al Amor.

En esa Escuela Tierra, la dualidad es lo que nos permite aprender:

- No sabemos qué es sentirnos bien si nunca nos hemos sentido mal.
- No sabemos qué es sentirnos seguras si nunca hemos tenido miedo.
- No sabemos qué es la alegría si nunca hemos sentido pena.

Solo nos damos cuenta de que queremos regresar al Amor una vez hemos experimentado todo el rango de las emociones humanas.

Nuestras emociones son un regalo demasiado depreciado.

No han venido a fastidiarnos la vida, sino a guiarnos para

reencontrarnos con el Amor. Son un GPS inmejorable para saber exactamente en qué punto estamos, si resistiendo o aceptando la abundancia, y qué debemos hacer para abrirnos de nuevo a recibirla. Son nuestro Google Maps, nuestro radar, nuestra luz en la tiniebla. Eso sí, Google Maps nos abandona si el móvil no tiene batería. En cambio ellas nunca nos dejan, siempre nos acompañan. Renunciar a esta información es como quitarle la cola a un gato: no sabríamos ni por dónde andar.

Entiendo la postura de los que son partidarios de sentirlo todo sin hacer nada para mejorar. En nuestra sociedad obsesionada por el intelecto, las emociones han sido tan castradas y castigadas, que hay una voluntad natural de ir al otro extremo: el de sentirlo todo constantemente y «respetarlas» tanto que no debemos hacer nada para dominarlas. Este extremo tampoco es bueno. Si no hacemos nada para entrenarnos, las emociones que por inercia sintamos con más frecuencia se programarán automáticamente en nuestro sistema.

Por ejemplo, si dejamos que la inseguridad guíe nuestros actos, sin hacer nada por cambiarla, acabaremos un día sin saber cómo sentirnos seguras.

Por lo tanto, no se trata ni de huir de ellas ni de ser sus víctimas. Se trata de ser Maestras de nuestro estado emocional. Para ello, son necesarios dos pasos.

Paso 1: Gestionar tus estados emocionales

Gestionar tus emociones equivale a ir al baño. Admito que es una analogía poco poética, pero tiene el mérito de ser clara. Cuando vas al baño, no intentas retener todo dentro, y una vez te has vaciado, tampoco te quedas mirando tu obra con culpa o vergüenza (y, en caso contrario, habría que plantear otra conversación).

El proceso es el siguiente:

1. Te das cuenta de que tienes ganas de ir al baño.
2. Te vacías, dejas salir todo.
3. Te sientes ligera, sigues con tu vida.

Pues con tus emociones, los pasos que debes seguir son exactamente los mismos:

1. Te das cuenta de que tienes cierta emoción a través de las sensaciones corporales que te produce.
2. La transitas, la dejas salir.
3. Sigues con tu vida, con la vibra altísima.

Negarte el derecho a sentir y soltar tus emociones es como impedirte ir al baño y decir que tú no necesitas digerir.

¿Qué crees que sucedería?

Existen dos posibilidades. Una: toda la materia se atascaría en tus intestinos, te intoxicarías, tu digestión estaría bloqueada y eventualmente tendrían que operarte para extraer las heces. (Qué imagen tan bonita, ¿eh?).

Dos: cuando menos te lo esperas, mientras paseas tranquila por la calle con tu nuevo vestido corto amarillo, ¡ups!, tu intestino se revela enfadado y estalla sin pedir permiso ni informar con antelación. Y no queremos llegar a este punto, ¿cierto?

La emoción es «e-moción», es decir, energía en movimiento. Se mueve por nuestro cuerpo y hay que liberarla a través de él.

Tomemos el ejemplo de la rabia, que es la emoción más castigada y prohibida entre las mujeres. Tanto es así que, de repente, entramos en cólera sin entender por qué. No es que el acontecimiento desencadenante revista una especial gravedad, sino que hemos retenido la emoción tanto tiempo (a veces años) que acabamos transformándonos en una bomba de relojería.

Si la sabemos usar, la rabia es una emoción tremendamente poderosa que nos da la fuerza para sacarnos de la situación en la que estamos e ir a por lo que de verdad queremos. Permite que no nos dejemos pisar y que expresemos nuestros límites.

Sin la rabia no sabríamos defendernos, que es exactamente lo que se ha pretendido con las mujeres: dejarnos indefensas.

El problema no es sentir rabia, el problema es sumergirnos en ella por completo y no aprovecharla a nuestro favor. Cuando tenemos emociones tan fuertes, la corteza prefrontal, responsable del razonamiento lógico, se apaga, y por eso muchas veces nos arrepentimos de lo que dijimos cuando estábamos enfadadas.

Hasta que no logremos sacar la rabia de nuestro sistema, no podremos razonar claramente. Cuando la sentimos, interiormente nos preparamos para la pelea: la sangre del cerebro se redistribuye hacia las extremidades, los músculos se contraen, el corazón se acelera y los puños se cierran. Toda esta energía eléctrica debe descargarse antes de explotar.

Si estás en la oficina, lo más simple es salir a dar un paseo caminando rápido y exhalando fuerte por la boca (parecerás medio loca, pero es por tu bien). Si estás sola o en casa, te recomiendo que des puñetazos o golpes a tu cama o a tu almohada, patadas al suelo (exacto, tenemos mucho que aprender de los niños, ¡tienen una forma tan sana de sacar cualquier emoción enseguida!).

La voz es otro gran modo de liberarte de esa y de todas las demás emociones. Puedes gritar contra una almohada si te da miedo molestar a los vecinos, o poner una canción y cantarla muy alto. Una vez que hayas sacado la rabia, entonces sí estarás lista para hablar con la persona o gestionar la situación que te ha causado la emoción.

Otro ejemplo de una emoción rechazada por la sociedad es la tristeza. Es fundamental en tu vida porque te permitirte cerrar ciclos para poder abrir otros.

Sin la llamada de la tristeza, que nos recuerda que algo se está acabando, ni siquiera nos tomaríamos un momento en nuestra vida de mujeres superocupadas para procesar lo que nos está ocurriendo. Es una energía pesada que nos hace bajar los hombros y pausar el ritmo para invitarnos a parar y a cuidarnos. Procurar contenernos, darnos un abrazo, hacernos una taza de té caliente y acurrucarnos en el sofá con una manta son gestos simples que nos permiten dar salida a la tristeza.

Escribir es otra forma maravillosa de soltarla. No juzgues lo que escribas; deja que salga todo hasta sentirte «vacía». Expresar todos tus pensamientos y sentimientos en un diario es el equivalente energético de bajar la basura. Pasarás de tenerlos encerrados en tu mente a dejarlos salir a través de tu mano y así liberarlos de tu campo energético.

Para familiarizarte con tus emociones recurrentes, puedes abrir notas en tu teléfono para escribir cómo las sientes en el cuerpo y qué práctica te ayuda más a soltarlas. A medida que ganes en experiencia, podrás reconocerlas antes de que te superen y atenderlas en el momento necesario para tu bienestar.

A lo largo de este libro estás aprendiendo, sobre todo, una nueva forma de ver el mundo, y es la clave para influir en tus emociones a largo plazo.

Paso 2: Programar estados emocionales empoderadores

Podemos usar nuestro cuerpo no solo para liberar las emociones que surjan a lo largo del día, sino también para programar en nosotras los estados emocionales que deseemos, que nos empoderen y que nos ayuden a conseguir nuestras metas.

De las más de cuatro mil emociones existentes, la mayoría de la gente se estanca entre doce y quince, las más recurrentes de las cuales suelen ser: ansiedad, estrés, desmotivación, decepción, apatía, frustración, rencor, rabia y miedo.

Sin embargo, podemos expandir nuestra capacidad de sentir y acostumbrarnos a emociones poderosas, que nos muevan hacia nuestros deseos.

Sabemos (aunque apenas lo hayas descubierto en los párrafos anteriores) que la forma en la que nos movemos refleja lo que sentimos. Pero funciona también al revés: la forma en la que movemos nuestro cuerpo puede cambiar cómo nos sentimos.

Se han llevado a cabo investigaciones recientes que demuestran que la postura tiene un gran impacto en nuestro estado emocional, más del que nadie había imaginado antes de que se midiera. Lo que implica este descubrimiento es que, aunque nos sintamos inseguras, si adoptamos posturas que reflejen seguridad, el cuerpo mandará esa señal al cerebro, que a su vez liberará las hormonas correspondientes. Como resultado, nos sentiremos seguras sin que nada haya cambiado a nuestro alrededor.

Lo mejor es que para ello no hace falta mucho tiempo; unos minutos son suficientes para cambiar completamente nuestro estado. Según los investigadores, practicar poses, «como inclinarse hacia delante sobre un escritorio con las manos plantadas firmemente en su superficie, conduce a niveles más altos de testosterona y niveles más bajos de cortisol, la hormona del estrés.

Estos cambios fisiológicos están relacionados con un mejor rendimiento y un comportamiento más seguro y asertivo».*

He creado para ti una tabla con unos ejemplos de emociones, acompañadas de un movimiento corporal para ayudarte a sentirlas, además de una propuesta de música y de afirmación que puedes repetir durante o al final de la canción para entrar aún más en el estado.

Emoción deseada	Movimiento corporal	Música	Afirmación
Felicidad	Dar saltitos, aplaudir y sonreír o reír	«Happy», Pharrell Williams	Soy felicidad
Determinación y valentía	Pisar fuerte el suelo, espalda erguida, pecho abierto, los brazos se flexionan y extienden hacia abajo con fuerza, puños cerrados, mirada hacia el horizonte	«I Am a Survivor», Destiny's Child	Soy determinación, soy valentía
Confianza y seguridad	Postura de la victoria. Los brazos se extienden en «V» hacia arriba, palmas abiertas hacia el cielo, saltos de celebración	«We Are the Champions», Queen	Soy confianza, soy seguridad
Amor y gratitud	Ojos cerrados, manos en el corazón, hombros relajados y movimientos de derecha a izquierda como si nos estuviéramos meciendo	«Rise Up», Andra Day, y «Gracias a la vida», Mercedes Sosa	Soy amor, Soy gratitud

* Sue Shellenbarger, «How 'Power Poses' Can Help Your Career», *Wall Street Journal* (20 de agosto de 2013).

Resulta muy útil usar este truco antes de una reunión o de enfrentarnos a un reto. Pero es realmente poderoso cuando lo usamos para programar un estado emocional a través de repeticiones, hasta que consigamos llegar a ese estado con facilidad, como un automatismo.

Para ello, en vez de usar este truco solo en el momento en que lo necesitemos, debemos convertirlo en una práctica recurrente, y darle un espacio en nuestra rutina diaria. Entre diez y quince minutos al día son suficientes para crear un gran cambio.

Por la mañana, durante la pausa del mediodía o antes de dormir, en lugar de consultar tu teléfono, ponte una a una las canciones y pasa de un estado emocional al otro. Si, en cambio, quieres integrar solo uno de estos estados, repite el ejercicio del que más falta te haga.

Muévete de verdad, no lo hagas a medias. Salta, pisa fuerte, cánsate. Es el movimiento lo que te permitirá liberar las endorfinas (las hormonas de placer) por el cuerpo y hará que la programación de los estados sea más profunda y duradera.

La palabra «Soy» seguida del estado emocional deseado permite, a su vez, que este se vuelva parte de tu identidad. Esta simple práctica me ha permitido liberarme de la ansiedad que tenía al empezar una nueva tarea con la que no me sentía cómoda.

Una vez que seas determinación, valentía, amor o alegría, ningún obstáculo podrá detenerte.

Si crees que las emociones que te propongo no son las que necesitas integrar para alcanzar tus objetivos, ¡elige otras! Seguir completando la tabla y adaptarla a ti es un juego muy divertido, además de beneficioso.

Como puedes ver, no se trata de rechazar nuestras emociones desagradables, sino de usar al máximo la tecnología que todas tenemos dentro para manifestar nuestros sueños.

Nuestra tendencia evolutiva ha hecho que nos centremos en lo negativo y nos conduzca a la respuesta de lucha o huida. Por lo tanto, se trata de un entrenamiento personal fundamental para acostumbrarnos a estar bien.

Está bien estar bien

Existe hasta un síndrome, Síndrome del Límite Máximo,* que describe nuestra tendencia a impedirnos vivir niveles de felicidad, abundancia y amor mayores de los que estamos acostumbradas. El ego tiende a identificar esos nuevos niveles de bienestar como un peligro y hará de todo para volver a bajarnos a estados conocidos.

It's good, to be good. Recuerdo haber leído esta frase en un libro de Gabby Bernstein y tener una epifanía.

Parece una obviedad, una frase para niños de ocho años. Me recuerda a las frases de mi libro de español en el instituto: «María come una manzana», «El gato es negro».

Está bien estar bien.

Pero quiero que lo sientas en ti antes de proseguir.

Cierra el libro y repite en voz alta: «Está bien estar bien. Es seguro estar bien», tantas veces como haga falta para sentirlo.

¿Qué has sentido?

Seguramente alivio, paz y tranquilidad. Lo que acabas de hacer es darte permiso para estar bien. Es una de las múltiples y grandes paradojas de la experiencia humana; nos pasamos la vida buscando como adictas la sensación de bienestar y, al mis-

---

* Gay Hendricks, *The Big Leap*, HarperOne, 2010. [Hay trad. cast.: *Tu gran salto*, Faro, 2020].

mo tiempo, cuando la encontramos, nos invade una tremenda resistencia que nos impide disfrutarla del todo.

Cada una tiene un nivel de felicidad al que estamos acostumbradas, que hemos aceptado como seguro y permitido. Mientras seguimos en este nivel o un poco más abajo, todo va bien, no salta ninguna alarma de supervivencia para aguarnos la fiesta. Si ocurre al revés, el ego se despierta.

La verdad es que cuando lo pillas, se vuelve hasta divertido, y tu saboteador interior ya no podrá esconderse ni en los rincones más oscuros de tu psique.

Poco después de empezar la relación con Valerio, tras unos días de viaje maravillosos, mientras estaba tumbada en la cama, con él al lado durmiendo, sentí una expansión de felicidad, amor, gratitud por la vida y paz profunda. Todo estaba perfecto, todo estaba bien y estaba más que feliz. De repente, un segundo después, me entró un estrés sobrecogedor: ¿qué pasa si ahora esto se acaba?, ¿si estando juntos nos aburrimos? o ¿si no me quiere cuando llegue a conocerme de verdad?

En ese momento no sabía nada del Síndrome del Límite Máximo y me tomé ese pensamiento muy en serio. En vez de disfrutar del momento, me puse a hacer planes de cómo me iba a alejar de él y todo lo que eso conllevaría en mi vida. Ya estaba por comprar un billete de avión al otro lado del mundo y escribir a mis compañeros que se buscaran otra persona con quién compartir piso.

Lo que ocurría es que el límite máximo estaba actuando en todo su esplendor. Había llegado a un nivel de felicidad y bienestar que no era habitual en mí. Era «demasiado» para que mi pequeño cerebro cavernícola lo aceptara. No era seguro. Entonces, ¡pam!, la mejor estrategia era encontrar el primer pensamiento que me permitiera bajar a niveles más conocidos.

Por eso es fundamental que vayas acostumbrando tu cuerpo-mente a aceptar nuevos niveles de bienestar y poder así dar mayores saltos en tu vida.

La próxima vez que se despierte tu Síndrome del Límite Máximo, en vez de entrar en un bucle de pensamientos, córtalo de raíz y repite: «Está bien estar bien. Me doy permiso para estar bien», y respira con tranquilidad hasta que tu ego se apacigüe.

Soltar el rencor

Teniendo en cuenta nuestro pasado colectivo, es natural guardar rencor. Durante siglos ha sido una de las pocas herramientas disponibles para expresar nuestro desacuerdo. Pero lo que nos ha llevado hasta aquí no nos llevará más allá.

Por lo tanto, ha llegado el momento de soltar el rencor.

La mayoría de las personas se pierden en el camino, no están listas para dar este paso o no les interesa. Lo ven como una debilidad, como una pérdida de su derecho de nacimiento a sentirse rencorosas. Como si les hicieran un regalo inmerecido a las personas que les han causado daño. Como si perdieran la batalla.

Cuando mis alumnas llegan a la parte del programa donde les toca perdonar, alzan la vista al cielo como para decir «¡Maïté!, ¡qué pesada!». Algunas hasta se ofenden por mi atrevido deseo de quitarles su bien merecido rencor, como si quisiera dejarlas desnudas frente a los peligros de la vida. ¿Cómo me atrevo a quitarles algo que es suyo? Es que no entiendo por lo que pasaron. Es que no entiendo cuánto las dañaron.

Y aun con esta máxima resistencia, después de hacerlo, esto es lo que me dicen: «Me he sacado una mochila de cien kilos que cargaba desde siempre sin darme cuenta», «He renacido, me siento como nueva», «He recuperado la alegría que creía haber perdido hace años», «Es un milagro lo poderoso que es», «Pensaba que no tenía nada que perdonar y me di cuenta de que cargaba años de rencor no expresado».

El corazón es el centro vibracional de atracción más poderoso de tu cuerpo. Es un imán que atrae hacia ti las experiencias que están en la misma frecuencia.

Científicos del HeartMath Institute de California han podido medir que el campo electromagnético del corazón es más de cien veces más grande y potente que el emitido por el cerebro. Cuando se les preguntó si todavía podía ser más amplio, respondieron que seguramente lo fuera, solo que las máquinas actuales aún no permitían hacer una medición más amplia.

Las personas intuitivas lo perciben a varios centenares de metros. Tu corazón viaja antes que tú a los lugares y se comunica con el campo cuántico por sus frecuencias electromagnéticas.

En 1991, el doctor J. Andrew Armour descubrió que el corazón tiene sus propias neuronas. Esto significa que es literalmente otro cerebro dentro de nuestro cuerpo. Desde entonces, expertos científicos han publicado centenares de artículos sobre estudios que han demostrado la existencia de una red neuronal independiente de la del cerebro.

Y no solo tiene su propia red de neuronas, sino que también se comunica constantemente con el cerebro a nivel neurológico, bioquímico, biológico y energético. Lo más sorprendente es que el corazón manda más información al cerebro que a la inversa.

En otras palabras, el corazón nos guía más que el cerebro; él es el verdadero centro de nuestro Ser.

Al igual que el cerebro, el corazón tiene memoria propia, ya sea de nuestros momentos más felices, de lo que no hemos perdonado o de la mochila que seguimos cargando.

En un famosísimo caso publicado por el neuropsicólogo Paul Pearsall en su libro *El código del corazón*, una niña de ocho años recibió el corazón de otra que tenía diez y que había sido asesinada. Sin tener ninguna información acerca de su donante, después del trasplante empezó a tener pesadillas del crimen. Contaba que corría de noche por el bosque para escapar de un hombre que quería hacerle daño. En sus sesiones de terapia, la niña describió en detalle el asesinato, y también al hombre que lo cometió. Dio detalles hasta del arma usada, de la ropa que llevaba el asesino y las últimas palabras que le dijo a su víctima antes de matarla. Los terapeutas decidieron llamar a la policía para revelar esta información y, gracias a su testimonio, pudieron arrestar e interrogar a un sospechoso, que finalmente confesó el asesinato.

En otro caso relatado por Gary E. Schwartz, profesor de Psicología, Neurología y Psiquiatría en la Universidad de Arizona, un niño de nueve años con miocardiopatía recibió el corazón de una niña de tres años que se había ahogado en la piscina de su casa. Los padres la habían dejado con una canguro adolescente que justo cuando ocurría el accidente estaba mirando su teléfono móvil. Después del trasplante, el niño, que por supuesto no conocía a la donante, le contó a su madre que sentía dentro de él a una niña muy asustada. Él le decía que estaba todo bien, que no había nada que temer, pero ella le respondía que preferiría que los padres no tiraran a sus niños al agua. La madre comentó a los terapeutas que su hijo había pasado de adorar el agua a tenerle un miedo irracional; ni siquiera se acercaba al lago que había delante de su casa. El niño no sabía por qué y tampoco quería hablar de ello.

Los científicos explican que esos recuerdos son efectos de las memorias celulares del corazón.

Los psíquicos hablan de información cargada de energía.

Es todo lo mismo.

Tu corazón se acuerda y tú creas conjuntamente tu realidad en función de lo que sigues cargando.

Pretender crear tu vida soñada sin perdonar el pasado es como pretender correr con una silla atada al tobillo. Cuando aún no has cerrado esa puerta, no miras hacia el futuro, sino siempre hacia al pasado. Temes inconscientemente que vuelva a pasar. Debido a ese temor, sin saberlo, le dedicas gran parte de tu energía y de este modo manifiestas que se repita.

Ahora inspira, espira y lee lo siguiente:

Lección 121 de *Un curso de milagros*: «El perdón es la llave de la felicidad».

1. La mente que no perdona vive atemorizada y no le da margen al amor para ser lo que es ni para que pueda desplegar sus alas en paz y remontarse por encima de la confusión del mundo.

2. La mente que no perdona está triste, sin esperanzas de poder hallar alivio o liberarse del dolor.

3. La mente que no perdona vive desesperada, sin la menor esperanza de que el futuro pueda ofrecerle nada que no sea desesperación.

4. Ve sus juicios con respecto al mundo como algo irreversible, sin darse cuenta de que se ha condenado a sí misma a esta desesperación.

El rencor es un veneno que te bebes esperando que el otro se muera.

Cuando guardas rencor hacia otra persona, en realidad le haces un regalo. Estás permitiéndole vivir gratis en tu corazón y en tu cabeza.

La llevas contigo a donde vayas.

Le haces de canguro, y gratis.

No es la mejor estrategia para liberarte de ella, ¿no crees?

Marta, una de mis alumnas que deseaba manifestar una pareja, estaba convencida de que no tenía nada que perdonar. Dos días después del ejercicio del perdón, aún estaba soltando todo el rencor escondido que tenía en contra de su padre, que había estado ausente. Antes de sentarse a hacerlo, no sabía que guardara tanto rencor en su interior. Ni sabía que eso la hubiera hecho sentirse pequeña, no merecedora de amor. Tampoco se había percatado de que para ella los hombres estaban ausentes, y lo seguía reproduciendo en su vida. Soltó lo que nunca había sabido que tenía dentro.

Dos meses después me escribió. Me contó que había conocido a un hombre maravilloso, y que, por primera vez, no intentaba controlar o predecir el final de la historia. Se permitió vivir con tranquilidad y felicidad su relación.

Perdonar es dejar atrás el pasado y crear un futuro nuevo. Es dejar de vivir desde el miedo y empezar a experimentar la vida con ilusión; dejar a la víctima y permitir que nazca la Mujer, la mujer magnética que atrae lo que desea. La Manifestadora Experta.

No creas que deberás volver a ponerte en contacto con todas las personas que te hicieron daño.

No es así.

Perdonas solo para ti, y no tienes que acercarte a esas personas si no te hacen bien.

El perdón es egoísmo sano, para que dejen de vivir en tu campo.

Tal vez te hayas dado cuenta de que la mayoría de las veces que experimentas rencor, en parte es hacia ti misma. Solemos sentirnos enfadadas y avergonzadas por habernos dejado caer en esas situaciones. Porque nos hemos abandonado y hemos dejado que los otros dicten nuestro camino. El perdón a los demás te lleva al perdón a ti misma, que quizá sea el más difícil de dar, y también el más importante.

Perdónate por todas las situaciones difíciles que no has sabido gestionar.

Perdónate por no saber valorarte.

Perdónate por haberte dejado engañar.

Perdónate por haber sido ingenua.

Perdónate por haberlo dado todo.

Perdónate por no haberlo sabido hacer mejor.

Mereces tu perdón. Siempre has hecho lo mejor que has podido, como nos ocurre a todas. Por eso estás en tu derecho de liberarte del rencor.

Cuando te perdonas, sabes que eres merecedora de lo más bonito de este planeta, y entonces lo empiezas a atraer hacia ti.

RESILIENCIA

«Algo» más grande te guía y te protege

Lo que más emociones desagradables genera en el proceso de manifestación es la prisa. Lo queremos todo ya. Y cuando no llega en la fecha prevista (o incluso antes), nos estresamos, nos deprimimos y nos frustramos.

No confiamos en que acontecerá de verdad lo que deseamos. Y en un vano intento por calmar esta falta de confianza, respondemos yendo al otro extremo, el del control. Y por querer controlar el mundo externo, vivimos en un constante estado de ansiedad y estrés.

Paradójicamente, son estas mismas emociones, vividas de manera consistente y dominante, las que nos mantienen vibrando en una línea del tiempo en la que no tenemos lo que deseamos. En el campo cuántico, seguimos observando el «gato muerto».

El error que cometemos una y otra vez es olvidar que estamos siempre acompañadas. Creemos que estamos solas, que el Universo nos ha olvidado y que todo reposa en nuestros hombros. Pero existe un poder superior que sabe mucho mejor que nosotras lo que nos aporta un bien mayor, y que nos respalda en todo momento. El Universo conspira a nuestro favor, a cada segundo.

Todas las personas que explican haber vivido una experiencia cercana a la muerte, es decir, cuando estaban clínicamente muertas y solo su conciencia estaba viva, recuerdan lo mismo: A M O R. Cuentan que los acogió una fuerza de amor indescriptible, entendieron que estaban siempre guiados, que todo en su vida ocurría por un bien mayor, el suyo y el de todos. Sintieron que eran perfectos y que toda su vida, cada instante, había sido perfecta.*

* Si quieres indagar más al respecto, el episodio 1 de la serie documental *Sobrevivir a la muerte*, producida por Netflix, es una recopilación de testimonios y estudios realizados por científicos de estas experiencias, con historias muy conmovedoras.

Lo sabes, ya has vivido sincronicidades inexplicables, ¿verdad?

Cuando vivía en Brasil, mi amiga y yo, después de una fiesta, decidimos regresar a casa caminando. Era de noche y teníamos que pasar por un tramo de carretera al lado de un terreno baldío. No había ninguna farola y solo la luna nos iluminaba. Después de unos instantes, escuchamos ruidos de pasos corriendo detrás de nosotras. De repente, un hombre con expresión amenazante se paró frente a mí y nos pidió las carteras y los teléfonos. Justo después de decirlo, me dio un puñetazo en la cara. Atónita y asustada, pensé: «¿Cómo vamos a salir de esta?».

En ese preciso instante, en la carretera, por la que hasta entonces no se veía un alma, apareció un taxi y se paró enseguida al ver lo que estaba ocurriendo. Corrimos hacia el coche y el conductor nos llevó a casa, gritándonos en portugués que éramos unas inconscientes por habernos expuesto al peligro de esa manera (y cuánta razón tenía).

¿Qué habría pasado si no se hubiera detenido? ¿Por qué llegó justo a tiempo?

Una de mis amigas, que pasaba por una situación económica difícil, hizo conmigo un ritual de manifestación. Pidió encontrar un trabajo que le permitiera cumplir su misión de vida, que era ayudar a integrarse en Francia a inmigrantes refugiados. Había muy pocos puestos en su campo y estaba desesperada por conseguir uno.

Al día siguiente, aunque no había puesto ninguna alarma en ninguna bolsa de trabajo, se despertó con el sonido de una notificación. Cogió el teléfono y, aun bloqueado, vio en la pantalla una oferta de trabajo para un puesto que se correspondía exactamente con lo que ella quería y que en un año no había logrado encontrar.

Consiguió el puesto, y todavía hoy se pregunta cómo llegó esta notificación a su teléfono.

La explicación es la siguiente: el Universo nos escucha y nos ayuda en todo momento. Así que confía en que tu manifestación llegará, aunque no ocurra exactamente del modo ni en el tiempo que tú tenías previsto.

Durante tres cuartas partes de mi vida he sido una controladora compulsiva. Si alguien se hubiera atrevido a decirme que debía confiar en los tiempos del Universo, me habrían dado ganas de asesinarlo. ¿Cómo que no voy a tenerlo todo ya? ¡Qué insoportables son los tiempos divinos! Yo lo quiero todo ya, y lo quiero como lo he imaginado. Lo sé mejor que el Universo. ¿Cómo va a saber el Universo mejor que yo lo que deseo? ¿Cómo puede haber un mejor momento para recibir lo que quiero que cuando yo he decidido? En aquel periodo de mi vida veía el Universo como un concepto lejano que no entendía.

Sin la certeza de que el Universo nos sostiene, ser resiliente supone un gran reto.

En realidad, vivir sin esta certeza supone un gran reto.

El cómo y el cuándo llegarán las manifestaciones no es nuestro trabajo. Es trabajo del Universo. En 2014 estaba harta de las malas relaciones con hombres con los que no tenía nada en común. Vivía en México. Me enamoró el DF y su gente, y quería quedarme allí toda la vida. Pero después de mi primer empleo, no conseguí una empresa que me contratara para poder regularizar mi situación en el país. ¡Qué dolor! Lo viví como un gran fracaso que estaba echando por tierra todos mis planes de vivir más feliz que nunca en Latinoamérica, en mi propia película.

Derrotada y triste, regresé a Francia.

Solicité un puesto de agente de prensa en una consultoría de tecnología. Yo, que no era nada tecnológica, y además en Ginebra. Pasar de México a Ginebra era un reto y todo un cambio de cultura. Conseguí el puesto, llegué a Ginebra y me sobrevino una depresión total: hacía frío, no había luz, trabajaba catorce horas al día y tenía un sueldo de becaria que no me permitía costearme más que un cuarto compartido; además, tenía cero amigos y ningún dinero para regalarme actividades de ocio.

Al saber que la empresa tenía oficinas en España, pensé que esa era mi salida. Me imaginaba viviendo en Madrid, ya que tenía amigas allí. «¿Madrid? —me contestaron—. No hay oficinas allí, pero sí las hay en Barcelona». De nuevo, nada salía según mis planes. No conocía a nadie en Barcelona, a parte de un ex que no tenía ninguna intención de volver a ver.

—O te vas a Barcelona, o te quedas aquí.

—En ese caso, allá voy, Barcelona.

Al cabo de unos meses, durante mi primer día en la nueva oficina, estaba en la cafetería y llegó un italiano con gafitas y aire intelectual y sexy a la vez. Mi primer pensamiento fue: «Este es mío». Más tarde me reconoció que tuvo el mismo pensamiento (aunque, para ser honesta, una versión menos elegante de este pensamiento).

El italiano en cuestión era Valerio.

Si hubiera funcionado lo de quedarme en México, jamás lo habría conocido. Si hubiera habido una oficina en Madrid, jamás lo habría conocido. Y eso no es todo: Barcelona es la ciudad que me ha despertado. De no haber ido allí, no me habría formado en yoga. De no haber hecho yoga, no habría viajado a Sri Lanka. De no haber viajado a Sri Lanka, no habría emprendido. De no haber emprendido, no habría ayudado a miles de mujeres a manifestar sus sueños, no sería CEO de una empresa de siete cifras y tú... tú no estarías leyendo este libro ahora mismo.

Hoy, cuando echo la vista atrás, puedo decir: «Gracias, México, por no ir como quería. Gracias, Ginebra, por deprimirme. Gracias, Madrid, por no tener oficina».

El plan que tiene tu ego para tu vida está bien, pero es mucho menos bello de lo que el Universo ha preparado para ti. Él/Ella escucha tus deseos y los mejora para que tu alma pueda cantar de alegría. Tu ego jamás podrá abarcar las infinitas posibilidades que están disponibles para ti. Lo más seguro es que tu manifestación te llegue cuando menos lo esperas y de una manera sorprendente. Por eso, las únicas personas que pueden decir cómo les ha llegado su manifestación son las que ya la tienen en su realidad.

Piensa un segundo en lo que tienes ahora en tu vida. El lugar en el que estás, lo que has construido, el trabajo que tienes, el lugar donde vives, los amigos y las relaciones que has creado... ¿Hubieras podido predecir cómo conseguirías todo eso? ¿Hubieras podido predecir cada paso que darías, cada cambio de rumbo, cada «no» que te abrió cada «sí» hasta llegar al momento presente?

No, ¿verdad? Entonces ¿qué te hace creer que ahora puedes?

Sigue sin tener sentido. No puedes saber el cómo. Cuando intentas controlarlo, lo único que haces es cerrarte al flujo de abundancia infinito que llega a ti continuamente. Un flujo constante de ideas geniales, de estrategias de éxito, de oportunidades, de relaciones, de regalos y de todo lo que necesitas para crear la vida de tus sueños.

Tal vez los primeros pasos en tu gran manifestación no hayan producido un resultado tan impresionante como imaginabas. Pero no tienes ni idea de lo que puede nacer de la suma de pequeños pasos si los das con confianza y constancia.

No vivas en pausa hasta manifestar lo que deseas. Todo lo que quieres manifestar, en realidad, lo quieres por lo que piensas que te dará.

Piensas que el dinero te dará la libertad.

Piensas que la pareja te dará el amor.

Piensas que el vivir de tu pasión te dará la satisfacción.

Somos seres emocionales y todo lo que hacemos tiene un sentido: buscar un estado. Paradójicamente, sacrificamos ese mismo estado en nuestro día a día pensando que nos permitiremos sentirnos bien, solo cuando hayamos conseguido nuestro objetivo.

Y pasamos nuestra vida a la espera.

Si recuerdas cómo funciona el campo y los saltos de una línea de tiempo a otra, sentir las emociones de tu *alter ego*, la que ya vive la realidad que deseas, es lo que permite alquimizar el proceso de manifestación.

Pero no solo eso, porque también te permite disfrutar de la vida ahora. Si deseas lo que deseas para conseguir un estado emocional, ¿por qué no tomar un atajo y crear este estado ya, en este mismo momento?

El presente es el único tiempo que puedes vivir en tus carnes.

No hace falta ser rica para sentirte libre.

No hace falta estar en pareja para sentirte amada.

No hace falta vivir de tu pasión para sentirte satisfecha.

Cuando dejas que te domine la ansiedad pensando que no llegará lo que deseas, vives en un futuro imaginario en el que tus peores pesadillas se hacen realidad. Si quieres salir de este hechizo, debes encontrar una trampa para tu cerebro. Una trampa que le haga regresar al momento presente.

Por eso, el antídoto mágico al control es... enamorarte aún más de tu vida ahora. Sí, para liberarte del control, necesitas ocupar tu mente en enamorarte más de lo que ya tienes. Esto te permite desconectar tu energía del futuro imaginario negativo, regresar al presente y así poder centrarte en un futuro que sí deseas. Reconectar con una visión de tu vida que te emociona.

Empieza por hacer la lista de las emociones que sentirás cuando hayas conseguido la vida que quieres. A continuación, busca una manera creativa de sentir cada emoción en tu día a día, más allá de los ejercicios de posturas que te propuse anteriormente. Por cierto, si te parecen muchos ejercicios, no te preocupes, quiero darte opciones. Elige los que más te llamen ahora mismo. Mejor hecho que perfecto.

Aquí tienes unos ejemplos para que vayas haciendo tu propia lista:

Emoción deseada	Manera creativa de nutrirla hoy
Libertad	Pasear por el bosque (con el teléfono en casa)
Satisfacción	Dejar mi bandeja de entrada vacía al final del día, hacer la cama al despertarme
Positividad	Bailar una canción que me encanta
Amor	Cerrar los ojos y pensar en todo el amor que recibí en mi vida y en las personas que amo

No tienen que ser grandes cosas; al revés, mejor las que sean fáciles de integrar en tu cotidianidad o que ya estés haciendo.

Y luego pregúntate:

¿Qué es lo que me encanta de mi vida ahora?

¿Qué agradezco hoy?

Si respondes que nada, es solo porque tu mente aún está usando la carretera de la escasez, y por tanto debe ser adiestrada para usar los nuevos caminos de la abundancia.

Para simplificarlo, puedes hacer una lista de gratitud de todo lo que está en tu campo de visión.

La gratitud y el miedo no pueden coexistir en tu cerebro.

El control es miedo y la gratitud es amor. Cuando te centras en la gratitud, el control desaparece. Es matemático, tanto como $1 + 1 = 2$.

Cada vez que empiezo a estresarme por lo que pasará, o porque aún no he conseguido tal o cual objetivo, o por lo que ocurrirá si no lo consigo, hago esta lista. Es muy básica. Cada frase empieza por «Doy las gracias...»:

- «Doy las gracias por mi conexión a internet».
- «Doy las gracias por mi salud».
- «Doy las gracias por mis manos que escriben este libro».
- «Doy las gracias por mi cerebro que puede formular ideas».
- «Doy las gracias por mis alumnas».
- «Doy las gracias por todas las lectoras que reciben mi mensaje».
- «Doy las gracias por mi familia».
- «Doy las gracias por poder dormir en una cama cómoda».
- «Doy las gracias por tener ropa».
- «Doy las gracias por tener un techo y agua caliente».
- «Doy las gracias por tener aún mucho que aprender y descubrir».

¿Lo haces tú también y luego me dices cómo te sientes?

Ahora, antes de pasar a los ejercicios, ponte la mano en el corazón y repite en voz alta:

«¡Mi éxito es inevitable y siempre estoy en el buen camino!».

SI ELLA PUEDE, TÚ TAMBIÉN

Patricia

De cómo Patricia superó su depresión y pasó de estar sobrecargada de trabajo a disfrutar de su profesión, manifestar un aumento de sueldo inesperado y priorizarse a sí misma.

«Pasaba por una fuerte crisis de ansiedad y depresión; la mezcla de años pasando dieciséis horas diarias trabajando, el haber emigrado hace poco y la poca relación que tenía con otras personas me superó. Estaba desesperada por salir de esa situación.

»Empecé a pasar a la acción. La primera, que me salió del alma, fue el perdón. Perdón a mí por haberme permitido llegar a esa situación, a mi familia, a mi exesposo, a mis exjefes y a mis jefes actuales que siempre reforzaron la creencia de que "hay que trabajar más para tener más", "no vales lo suficiente", "hay que luchar por cada moneda", "los que venimos de abajo debemos esforzarnos más", "tienes que dar más porque aquí te despiden por nada…", "a las mujeres, y sobre todo a las emigrantes, se les hace muy difícil conseguir y mantener buenos cargos"… Todo lo perdoné y comencé a reprogramar mis nuevos pensamientos basados en la abundancia, el amor y la prosperidad.

»Después de este cambio, ahora pongo límites a mi trabajo,

dedico tiempo para mí, leo libros, hago meditación, pongo límites a los abusos y mensajes limitantes de mi familia o mis amigos, me regalo paseos, baños relajantes, escucho pódcast que me inspiran y mantengo mi cuerpo en movimiento. También dejé de ver noticias, la televisión en general, limité las redes sociales y decidí dedicar tiempo a nutrir mi cabeza con temas alineados con mi nueva identidad... Ser congruente en todos los sentidos con mi nueva identidad ha sido clave.

»Dos meses después, me encuentro disfrutando muchísimo de mi trabajo, no lo hago más de ocho horas al día y nunca los fines de semana, me han subido el sueldo, logré priorizarme a mí misma, sentirme merecedora y decidir vivir mi vida desde el amor.

»Mi consejo es que sueltes el miedo, la soberbia y los "tiempos"...

»Recuerdo siempre algo que nos dijo Maïté: si un avión al despegar cambia un grado su ruta, puede desviarse más de cuatrocientos kilómetros de su destino habitual. Así que esto es así, de un grado a un grado, a medida que incluimos nuevos pensamientos, actividades y equilibrio, por pequeños que sean, generan frutos inimaginables».

Laia

De cómo Laia sanó su patrón de relación gracias al perdón y manifestó la pareja de sus sueños contra toda expectativa.

«Acababa de terminar una relación y me había mudado a cientos de kilómetros de donde había vivido los últimos ocho años. No conocía casi nadie en mi nuevo lugar, y mi mente racional me mandaba todo tipo de pensamientos limitantes según los cuales me sería imposible conocer a alguien. A eso se sumaba que estábamos en plena pandemia, con los bares cerrados, sin poder salir de mi municipio...

»Para mí la realidad era esta: me será imposible manifestar la pareja que anhelo en estas condiciones. Por tanto, ¿cómo podría conocer a alguien? Y más aún que esté en sintonía con lo que busco.

»Sin embargo, me puse el propósito de manifestar mi pareja soñada, y empecé a definir más claramente lo que quería y lo que no. Quería a alguien para comprometerme y construir una relación de verdad.

»Mi historia personal no me ayudaba a materializar tal relación. Mis padres se separaron cuando yo era pequeña y mi padre había estado bastante ausente, por lo que en mis relaciones se repetían los mismos patrones.

»Me dediqué a trabajar el perdón, con mi familia y conmigo misma. A través de este proceso pude soltar todo el rencor que me nublaba la vista y empecé a ser consciente de mis patrones y creencias limitantes. Me di cuenta de que en realidad mis "no puede ser" solo eran creencias limitantes y no la verdad absoluta, a pesar de lo que mi mente me había hecho creer.

»Al entenderlo, confié en que sí era posible. Solté la obsesión por el cómo y el cuándo llegaría mi manifestación y, sobre todo, dejé de lado la necesidad. Pasé de necesitar una pareja a querer una pareja.

»Y entonces ocurrió. Al poco tiempo me presentaron a un chico donde vivo, que contra toda probabilidad estadística quería justo lo mismo que yo en la vida. Congeniamos enseguida en la forma de ver y entender las parejas, nos hicimos amigos, compartimos aficiones y aspiraciones y, hasta ahora, es la pareja que había soñado. Tenemos los mismos planes de futuro y me siento amada y apoyada.

»Mi consejo es que disfrutes del proceso. Si nos centramos en la necesidad, creo que, en vez de atraer, repelemos lo que queremos. Estamos tan obsesionadas por lo que NO llega, que no somos capaces de ver las oportunidades que se nos presentan. ¡Confía!».

LAS GRANDES IDEAS DE ESTE CAPÍTULO

- Si quieres crear la vida de tus sueños, debes aprender a dominar tus emociones.
- La Maestría Emocional se logra en dos pasos: 1) la gestión de tus estados emocionales, y 2) la programación de estados emocionales empoderadores.
- El corazón es el imán de atracción más poderoso de tu campo energético y el perdón activa su frecuencia más elevada.
- El cómo y el cuándo acontecerán tus manifestaciones no es tu trabajo. El Universo está creando algo para ti mucho mejor de lo que jamás habrías imaginado.
- La mejor manera de soltar el control es enamorarte más de tu vida ahora.

Ejercicios para dominar tus emociones y ganar en resiliencia

1. **Liberarte del rencor.** Elige una persona a la que guardes rencor. Cuando estés tranquila en casa, siéntate, cierra los ojos y visualiza a esta persona. Luego, imagínatela volviéndose más y más joven, hasta ser una niña o un niño. Recuerda mentalmente que esa persona también fue pequeña, que también fue dañada, que también fue malentendida.

Repite la oración de liberación de *Ho' oponopono* hasta que realmente sientas que la crees y la sientes: «Lo siento, perdóname, te amo, gracias».

Ese «lo siento» significa que lo sientes por ti misma, por haber sentido ese rencor y por haber dejado que esas emociones te invadieran durante tanto tiempo. Ese «perdóname» significa que pides perdón por haber dejado que la energía de rencor creara este impacto negativo en vosotros. Ese «te amo» se refiere a que amas su alma, como el *Namasté* con que saludas el alma del otro. Y ese «gracias» sirve para elevar el aprendizaje de esta situación pasada a la vibración del amor y así liberarte del rencor.

2. **Las emociones de tu *alter ego*.** ¿Cuáles son las emociones que sentirás cuando hayas conseguido tus mayores manifestaciones?

Haz la lista ahora.

A continuación, crea una tabla en la que escribas cómo las nutrirás cada día.

8

Es momento de pasar a la acción

Una visión sin acción es solo un sueño.
Una acción sin visión es solo un pasatiempo.
Una visión con acción puede cambiar el mundo.

Joel A. Barker

EL PUENTE ENTRE LO TANGIBLE Y LO INTANGIBLE

«¿Qué sentido tiene pasar a la acción si, de todos modos, no puedo controlar el cómo ni el cuándo de mi manifestación?».

«Si fuera de verdad una manifestación, ¿no debería atraerla sin necesidad de hacer nada?».

A menudo me hacen estas preguntas, pero se olvidan de que, en el árbol de la creación de la vida, la acción tiene un lugar destacado, justo entre la emoción y los resultados. Es el puente entre lo invisible y lo visible. El vínculo entre el mundo intangible de nuestras ideas y el tangible de nuestro entorno físico. Es el paso olvidado de la mayoría de los libros tradicionales sobre la Manifestación. Si has leído algunos, como el famoso *Secreto*, sabrás de qué hablo. Al leerlo, parece que tan solo se trata de visualizar, de sentir emociones positivas, y nada de actuar.

Esta corriente ha creado un ejército de buscadoras espirituales que se entregan de lleno a la visualización y las emociones para manifestar sus sueños. Son las que han leído todos los libros sobre la ley de la atracción y hablan de sincronicidades, energías y rituales. Desafortunadamente, por faltarles el último paso, su fe en el Universo deviene un pensamiento mágico. Creen que la vida les dará lo que quieren, mientras esperan en modo pasivo y meditan en la abundancia.

Su espiritualidad las desconecta del mundo material y no entienden que nuestra función no es dividir, sino unir. No honran nuestro papel en la cocreación ni nuestro rol de canal entre el cielo y la tierra. Piensan que lo más noble es lo de «arriba» y, por lo tanto, desprecian lo de «abajo». Son las mujeres espirituales que tienden a querer abrir sus «chakras superiores», pero olvidan que, sin hundir las raíces en la tierra, nunca podrán aprovechar plenamente su experiencia física.

En el fondo, su ego ha regresado y se esconde detrás de la espiritualidad para asegurarse de que no asuman ningún riesgo. Tienen miedo a equivocarse y no creen que sean lo suficientemente capaces de tomar las riendas de su vida. Son de las que piensan que para hacerse ricas solo hay una posibilidad: que les toque la lotería. Son de las que abandonan todo esfuerzo después de hacer varios intentos. Son de las que no se comprometen con lo que es realmente importante para ellas y dejan pasar la vida con miles de excusas de por qué no pueden tener lo que quieren. Siguen soñando. Solo soñando.

Piensan que su manifestación les llegará de golpe por haber hecho el trabajo interior, y que pasarán, sin un punto intermedio, de la intención a la realización. No entienden que, en el 99,9 % de los casos, lo primero que manifestamos no es nuestro objetivo final, sino los pasos para llegar a él. Estos pasos adoptan la forma de ideas repentinas e inspiraciones que debemos seguir.

Las oportunidades que nos brinda el Universo para manifestar nuestros sueños no son solo externas, sino que también son nuestras propias ideas. Infravaloramos hasta tal punto nuestro rol de cocreadoras, que ni reconocemos que esas ideas son igual de sincrónicas que ver el reloj a las 11.11 horas. Las dejamos pasar. No actuamos porque no «estamos seguras», y luego nos autoengañamos diciendo que estamos «estancadas». Estar estancada es decidir no pasar a la acción.

Martin Luther King decía: «No necesitas ver toda la escalera para subir el primer escalón». No necesitas ver el final de la autopista para conducir tu coche.

Esperas tener claridad para pasar a la acción.

Pero lo que necesitas es pasar a la acción para tener claridad.

Hay miles de caminos posibles para llegar a tu destino, y ninguno es más «correcto» que otro. Van apareciendo a medida que avanzas, paso a paso.

De pequeña adoraba los libros de elige tu propia aventura, esos que, para encontrar el tesoro, después de escoger tu personaje, ante ti se presentaban numerosos retos y enigmas. Para superarlos y avanzar, debías elegir uno de los varios caminos disponibles. ¿Te internarás en el pasaje oscuro del bosque mágico, o bien en la carretera iluminada del valle? Según tu elección, ibas a una página u otra, y se te entregaban diferentes herramientas, víveres, pociones e índices. Todos los caminos permitían llegar al objetivo. Si no te gustaba el que habías tomado, siempre podías elegir otro la siguiente vez.

Pues con la vida ocurre exactamente lo mismo. Has elegido tu personaje y para llegar a tu manifestación, a cada decisión, escoges entre un camino u otro. Como en el libro de aventura, existe una infinidad de vías posibles para materializar tus deseos, y en función de tus decisiones, el Universo se reorganiza para brindarte el mejor soporte. Obviamente, si no pasas a la acción, no puedes pasar página ni recibir las ayudas que estaban destinadas a ti. Si haces caso a tus excusas de que «estás estancada», te quedarás bloqueada en la página 1, preguntándote por qué el Universo no te manda más oportunidades, mientras Él/Ella espera con los brazos abiertos que llegues a la página 3.

Esta tendencia a esperar los milagros sin actuar me recuerda una historia:

Un hombre muy devoto estaba en su casa cuando de repente estalló una tormenta tremenda y todo el pueblo quedó inundado en muy poco tiempo. Viendo que el agua subía hasta la puerta de la entrada, se puso a rezar: «¡Dios, por favor, sálvame!».

Pocos minutos después, pasó un camión de bomberos y el conductor se asomó a la ventanilla para gritarle:

—¡Ven con nosotros! ¡Se está inundando toda la ciudad!

—¡No! ¡Dios me va a salvar! —respondió el hombre.

Y el camión de bomberos se fue.

El agua siguió subiendo y el hombre se refugió en el primer piso de su casa y continuó pidiendo a Dios que lo salvara.

Entonces pasó un barco y el capitán le dijo:

—¡Ven, sube, te vas a ahogar!

—¡No! ¡Dios me va a salvar!

Y el barco se fue.

El agua siguió subiendo y el hombre intentó escapar encaramándose al tejado de la casa.

En esas estaba cuando llegó un helicóptero y el piloto le gritó:

—¡Ven, te vas a morir!

—¡No! ¡Dios me va a salvar!

Y el helicóptero se fue.

Cinco minutos después, una gran ola se llevó la casa y, con ella, al hombre, que murió.

Cuando llegó al cielo, se acercó a Dios y le reprochó, enfadado:

—¡Dios, te pedí que me salvaras! ¡Me has abandonado!

Y Dios le respondió:

—No lo creo. Te mandé un camión de bomberos, un barco y un helicóptero, pero seguiste esperando. ¿Cómo puedo ayudarte si no estás listo para hacer tu parte?

Nuestro libre albedrío es sagrado, y el Universo nunca se interpondrá en nuestra decisión de desaprovechar los regalos que nos manda.

No es que lo hagamos a propósito. La mayoría de las veces nos estancamos en la inacción por miedo a tomar «una mala decisión». Pensamos que por no decidir nos libraremos de las consecuencias de nuestras acciones. Pero la inacción también es una acción, tiene consecuencias.

Benjamin Barber, eminente teórico de la política e ingeniero, dijo una vez: «No divido el mundo en débiles y fuertes, o en éxitos y fracasos... Divido el mundo en aprendices y no aprendices». Ser aprendiz es atreverte a pasar a la acción aunque no estés segura de qué resultado conllevará.

Esta tendencia a estancarse en la inacción por miedo a tomar una mala decisión tiene hasta nombre: la enfermedad del CEO. Un ejemplo claro es el director de Chrysler Motors, Lee Iacocca, que sufría un caso agudo. Después de su éxito inicial, se quedó completamente paralizado por miedo a tomar las decisiones equivocadas. De modo que siguió sacando los mismos modelos de automóviles una y otra vez, con apenas unos pocos cambios superficiales. Mientras la gente empezaba a aburrirse de sus coches, sus competidores transformaban por completo sus propuestas y arrasaron el mercado.*

* Carol S. Dweck, *Mindset: The New Psychology of Success*, Ballantine Books, 2007. [Hay trad. cast.: *Mindset: La actitud del* éxito, Sirio, 2016].

Si queremos liberarnos de la inacción, debemos pasar de una mentalidad fija (la de Iacocca, que lo quiere hacer todo perfecto, rápido y fácil) a una mentalidad de crecimiento (la que da la bienvenida a los retos y los riesgos como oportunidad para evolucionar).

Carol S. Dweck, psicóloga y autora de *Mindset: La actitud del éxito*, entrevistó a centenares de personas para saber cuándo se sentían exitosas y motivadas. La diferencia entre las respuestas lo dice todo.

¿Con cuál de las dos columnas te identificas?

Mentalidad fija Me siento exitosa y motivada cuando...	Mentalidad de crecimiento Me siento exitosa y motivada cuando...
No cometo ningún error	Trabajo en algo durante mucho tiempo y consigo resolver un problema
Termino algo rápido y es perfecto	Termino algo aunque me ha requerido más esfuerzo de lo previsto y no he desistido
Algo es fácil para mí y los demás no consiguen hacerlo	Algo es muy difícil y me esfuerzo para hacerlo igualmente
Me hacen cumplidos y me dicen lo bien que lo he hecho	Me dan un *feedback* constructivo que me permite mejorar
Hago lo que mejor se me da	Puedo hacer algo que antes no podía

Para las personas de mentalidad de crecimiento no se trata de perfección inmediata ni de gratificación instantánea, se trata de aprender algo con el tiempo: afrontar un desafío y progresar. Y, a la inversa, las personas con mentalidad fija necesitan que las cosas sean fáciles y no tener que asumir riesgos ni superar retos. Si las cosas se ponen difíciles, al no sentirse exitosas, pierden el interés y abandonan.

Tal vez en alguna ocasión te haya pasado que, después de no obtener los resultados deseados tras varios intentos, decidiste que lo que querías no era para ti.

La clave está en que lo mejor que la vida reserva para ti se esconde detrás de los retos que estés dispuesta a afrontar. Pasar a la mentalidad de crecimiento requiere entender que son los pequeños pasos del camino los que crean los grandes saltos cuánticos.

Entrénate para ir dejando la columna izquierda de la tabla por la columna derecha pasando a la acción y premiándote más por tu atrevimiento que por el resultado final.

Pasar a la mentalidad de crecimiento significa tener el poder más grande del Universo: nunca, nunca, nunca, nunca abandonar tu sueño.

NO NECESITAS QUE TODOS ESTÉN DE ACUERDO PARA ACTUAR

Después de la mentalidad fija y el miedo a tomar malas decisiones, lo que nos bloquea para pasar a la acción es el miedo al juicio.

Si tuvieras que darle una nota a tu vida del 0 al 10 (donde 10 significa que te paraliza lo que piensen de ti los demás y 0 que no te afecta en absoluto), ¿qué nota te pondrías? Yo estuve en un 10 tres cuartas partes de mi vida.

Como sabes, nací en Francia y soy hija de padres extranjeros. Mi padre es de Haití, de origen sirio-libanés, y mi madre es griega. Son personas extremadamente valientes y visionarias, que marcharon de sus países de origen a causa de las dictaduras y llegaron a Francia con la determinación de crear una vida mejor.

La otra cara de la moneda de esta historia tan inspiradora es que tener éxito y encajar no era una opción, eran necesidades vitales. Para protegernos, nos inculcaron esos valores a mis hermanos y a mí. Recuerdo que el «qué dirán» era importantísimo. La excelencia y la imagen de perfección primaban ante cualquier sensación de realización personal o bienestar emocional. Aprendí desde muy pequeña que debía guardarme lo que sentía, sobre todo si era incómodo. Aprendí que no importaba lo que yo quería mientras diera una buena imagen de mí y de mi familia. Aprendí a predecir, entender y adaptarme a las expectativas de los demás antes siquiera de que las expresaran.

Y resulta que, después de una vida actuando así, un día me di cuenta de que era una extraña para mí misma. Recuerdo una sensación de soledad muy intensa, a pesar de tener muchos grupos de amigos y conocidos en mi época de estudiante. Una sensación muy profunda de que nadie me conocía y la certeza de que, si me vieran de verdad, jamás me podrían amar.

Necesitaba momentos a solas para descansar de la máscara que llevaba puesta a todas horas. Estaba exhausta de mantener las apariencias. No sabía hacerlo de otra forma. En mi mente tenía que ser perfecta, si no, me quedaría sola.

En las fiestas era la reina de la primera impresión, la que se interesaba por la vida de cada persona, la que tenía la broma perfecta en el momento oportuno. Todos querían estar conmigo porque se sentían vistos, escuchados y valorados.

Si al cabo de unos días me proponían volver a vernos, desaparecía cual bomba de humo. ¡Puf! Pensaba: «Ya lo he dado todo, ¿cómo voy a mantener el listón tan alto? No puedo ser siempre así de simpática. Se van a dar cuenta y habrá sido todo en vano».

Era la criatura más sociable y, a la vez, la más sola del planeta.

Con los hombres era una persona totalmente distinta según quién me interesara; «nuevo hombre» equivalía a «nuevos intereses» y «nuevo estilo». Por la mañana, después de pasar la noche juntos, me levantaba mientras él dormía, volvía a maquillarme y luego regresaba a la cama, me acostaba a su lado y fingía que estaba dormida. Porque, ¡ojo!, ¿cómo iba a verme sin mi máscara de supermujer?

Ese miedo al juicio creó una coraza que la gente difícilmente podía traspasar. Ni siquiera yo podía hacerlo. No tenía ni puñetera idea de quién era. Tenía tan metido dentro lo importante que era gustar a todos y, sobre todo, no despertar ninguna crítica, que me enorgullecía hasta el infinito ser un camaleón. Era experta en el arte de adaptarme a quien yo quisiera.

Y ¿sabes qué? La gente me seguía juzgando.

Me juzgaban por ser cambiante.

Me juzgaban por ser falsa.

Me juzgaban por cambiar de tío como de camisa.

Me juzgaban por ser demasiado segura (menuda falsa seguridad).

Me juzgaban por ser superficial.

Me juzgaban por desaparecer de un día para otro.

Juicio, juicio, juicio.

Temer el juicio solo conseguía que lo atrajese más.

No hay nada que puedas hacer para evitar el juicio: los humanos estamos programados para juzgar. Es nuestra forma de darle sentido al mundo complejo que nos rodea. Aceptamos lo que es coherente con nuestro modelo de la realidad y rechazamos lo que lo pone en peligro. Necesitamos juzgar para sentirnos seguros, sentir que somos los buenos y que nuestras decisiones vitales han sido las correctas.

El ego odia que le lleven la contraria, y a través del juicio protegemos nuestra frágil e ilusoria versión de la realidad. Es lo que nos lleva a juzgar lo que no conocemos y lo que no entendemos.

Si tú misma juzgas, ¿cómo esperas que la gente deje de hacerlo contigo?

Suelta el libro un momento y haz un repaso mental de la semana que se acaba. ¿Cuántas veces juzgaste? Puede ser que lo hayas hecho con un amigo, un familiar, un compañero de trabajo, el gobierno, un famoso o un influencer por no actuar como tú consideras mejor.

Seamos sinceras: a una parte de nosotras le encanta juzgar. Nos da seguridad, creemos que juzgando a los demás, (nos) demostramos que somos mejores. Pero es una trampa.

Cuanto más juzgues, más sufrirás por el miedo a ser juzgada.

Cuanto más juzgues, más te bloquearás a ti misma.

Al inicio del confinamiento, en marzo de 2020, en un gran momento de inspiración para «usar el tiempo adicional que tengo y aprender cosas nuevas», me regalé un abono a una plataforma online de formaciones impartidas por los mejores *cracks* de cada sector. O sea, que Natalie Portman te da una clase sobre interpretación (no, no quiero ser actriz; ya sabes, motivación de confinamiento). En una lección explicaba cómo interpretar los roles de los «malos». Lo que decía me pareció una clase magistral de no-juicio: «Nadie, en su mente, es malo. Todos sentimos que la razón está de nuestra parte. Todos tenemos razones que nos parecen válidas para actuar como actuamos».

Nuestras acciones son coherentes con nuestro mundo interior. Y no conoces el mundo interior de nadie, al igual que nadie conoce el tuyo. Por lo tanto, cada juicio habla solo del que juzga, no del que es juzgado.

LO QUE DE VERDAD TE AFECTA (NO ES EL JUICIO)

«Nunca estoy molesto por la razón que creo» es una de mis lecciones favoritas de *Un curso de milagros.* Aunque te juzguen por tus decisiones, no estás molesta por ello. Podrían haber dicho que eres la mujer más incapaz del planeta, que todo lo que haces es ridículo y que, además, eres un fraude, y no estarías molesta por ello.

¿Qué ocurre realmente cuando alguien te critica?

1. Un humanoide emite sonidos con su boca, que a su vez forman palabras que forman frases. En otras ocasiones, en vez de sonidos, escribe letras, que igualmente forman palabras que crean frases.
2. Otro humanoide recibe este conjunto de letras, palabras y frases por su conducto auditivo o visual.
3. Este segundo humanoide da un significado a las frases que ha recibido. Las interpreta.
4. Esta interpretación, si es negativa, generará emociones desagradables en el segundo humanoide, como la rabia, la vergüenza, el rencor o la tristeza.

OK, detengámonos un segundo para repasar lo que ocurre. Entre el punto 2, cuando recibo la crítica, y el punto 4, cuando genero emociones desagradables, hay una etapa que se nos olvida: el punto 3, donde interpreto lo que acabo de escuchar o leer.

Es aquí donde radica nuestro poder. Tú crees que «juicio» equivale a «malestar», pero, en realidad, «juicio» más «interpretación personal negativa» equivale a «malestar».

Creemos que lo que nos daña es el juicio ajeno, cuando en realidad lo único que nos daña son nuestras propias interpretaciones y las decisiones que tomamos en consecuencia.

No te da miedo el juicio de los demás. Lo que te da miedo es que sea real.

Léelo de nuevo:

No te da miedo el juicio de los demás. Lo que te da miedo es que sea real.

¿Sabes por qué es una buenísima noticia? Porque nunca podrás controlar lo que la gente dice de ti, pero sí puedes aprender a verte con mejores ojos y así permitir que no te afecten sus opiniones. Nadie tiene el poder de dañarte si tú no dejas que cambie lo que crees de ti misma.

«Tu éxito no es factible, no aportas nada especial para que la gente se interese en lo que haces. Ha sido un golpe de suerte. Además, la gente ya no quiere lo online y la manifestación es un tema que no interesará. Olvídalo». Esto fue lo que me dijo una famosa mentora de negocios durante una sesión que me había regalado a mí misma después de crear la primera edición de mi programa *Manifiéstalo*, en diciembre de 2019. Un año más tarde, estaba cerca del millón de euros facturados y tenía un impacto sobre miles de alumnas en decenas de países. Seis meses después, había dado otro salto cuántico en mi vida y mi negocio.

¿Qué habría sucedido si, por el juicio de esta mentora, hubiera decidido dejar de actuar? Su juicio era el reflejo de sus miedos, sus creencias limitantes y sus propias ideas preconcebidas del éxito. No tenía nada que ver conmigo ni con mis probabilidades de éxito.

No tengo el poder de controlar lo que los demás piensen de mí, pero sí puedo elegir si acepto o no su opinión como verdadera.

El siguiente nivel de liberación llega cuando entiendes que apegarte a los halagos tampoco te hace bien. En uno de mis grupos de Facebook, un día, sin previo aviso, ocurrió lo que más temía: *haters*, *trolls*, ¡infiltrados! Sabía que era común que ocurriera al tener visibilidad en las redes, pero me enorgullecía pensando y diciendo que mi comunidad era diferente, que la gente era respetuosa y que se hablaba con cariño. Yo quería que este grupo se mantuviera tan perfecto como lo era en mi imaginación, bonito y de color de rosa.

Recuerdo que el día de mi cumple, a la una de la madrugada, me puse a fisgar en mis redes y vi mensajes de insultos y odio hacia mí de desconocidos, así como cantidad de respuestas de mis alumnas y mujeres de la comunidad que me alababan. Mientras leía los comentarios, algo pasó: en vez de estar con el ánimo por los suelos y querer que la tierra me tragara, tuve una revelación: «¡Nadie está hablando de mí! ¡Ninguna está hablando de mí!».

Aunque sentí una profunda gratitud hacia mis seguidoras por defenderme, tuve la epifanía de que, en los dos «campos», cada persona hablaba de su interpretación de mí, que era solo suya.

Ese día precisamente me liberé del miedo al juicio.

Me liberé también del apego a los halagos, ya que aceptar que cuando hablan bien de ti tampoco hablan de ti es la clave de la verdadera libertad.

¿Por qué es tan importante? Desde niñas hemos crecido con la idea de que las felicitaciones de la maestra eran el premio definitivo en esta vida. Tal vez recuerdes que no te animaban a que fueras muy atrevida ni a que pensaras por ti misma. No, no se trataba de eso. Tal como mencionamos en alguna ocasión anterior, se trataba de educarte bien recta y que asumieras que ser una niña buena equivalía a felicitaciones, lo que equivalía a merecer amor y estar a salvo.

Y ¿qué pasa cuando creces y te haces adulta?

Pues sigue la niña que busca las alabanzas, de tal forma que tu vida se transforma, sin notarlo, en un sabio baile entre la huida de la crítica y la búsqueda de la alabanza.

¿Cómo puedes pasar a la acción hacia tus sueños, si estás tan ocupada en prever e imaginar lo que pensarán los demás?

Toda búsqueda de validación externa, ya sea evitando el rechazo, ya sea buscando lo contrario, te aleja de tus sueños y sabotea tus manifestaciones.

ES HORA DE DECIDIR (Y SOLO TIENES DOS OPCIONES)

No está en tu mano que te dejen de juzgar; por lo tanto, es preciso que enterremos la expectativa de una vida sin juicios. Es un hecho, siempre te juzgarán.

Mujer, es momento de decidir, y solo tienes dos opciones:

1. Vivir intentando agradar a los demás y que te juzguen por ello.
2. Ser, hacer y tener lo que te dé la gana y que te juzguen por ello.

¿Cuál eliges?

Si aún te cuesta decidir, tengo unas preguntas más para ayudarte:

¿Qué es lo peor que puede pasar si te juzgan? De verdad, pregúntate: ¿qué es lo peor que puede pasar si ocurriera una determinada situación de juicio?

¿A que no es tan grave como para que dejes de vivir tu vida?

Y ahora al revés, pregúntate: ¿qué es lo peor que puede pasar si sigues dejando que el miedo al juicio dirija tus decisiones y continúas viviendo para mantener las apariencias?

Si sigues así, ¿dónde estarás dentro de un año?

¿Y dentro de cinco?

¿Qué pensarás de tu vida en tu lecho de muerte?

Es un dato real y medido que el principal remordimiento de la gente justo antes de morir es haber abandonado sus sueños por haber vivido más para los demás que para ellos mismos.

En su libro *Los cinco mandamientos para tener una vida plena*, Bronnie Ware, enfermera en un servicio de cuidados paliativos, entrevistó a miles de pacientes para saber qué harían de forma distinta si pudieran empezar de nuevo. La respuesta número uno: no abandonar los propios sueños para encajar en las expectativas de los demás.

Honestamente, si ahora fuera tu momento de dejar este plano, ¿serías una de esas personas?

Tómate un tiempo para pensarlo.

Si has respondido que sí, no te preocupes: aún puedes cambiar el rumbo.

Cuando decidí dejar mi trabajo, mi equipo y la «seguridad» de mi contrato indefinido sin ningún otro plan que dar clases de yoga y sesiones de coaching a quien quisiera, el miedo al juicio se disparó en mi cerebro. «¿Qué van a pensar tus antiguas colegas si no funciona? Vas a parecer ridícula. Odias a los coaches que tienen un ego más grande que su cantidad de seguidores en Instagram. ¿En serio vas a hacer diseños con citas de ti misma? ¿Crees que eres César o qué? Nadie te va a tomar en serio. ¡Buf!... ¿Y hacer directos en las redes sociales? ¿Poner tu nombre en una página? ¡Ay, no!... Mucha gente de tu pasado te podrá encontrar... ¿Qué van a pensar tus ex? Pues que eres un fracaso y qué bien que lo dejasteis... ¿Qué va a pensar el CEO de tu antigua empresa, que te veía como una estrella a seguir y ahora haces el ridículo hablando de energías? ¿Qué dirán tus padres, que estaban tan orgullosos de tu inicio en una carrera prometedora? Pues que eres la deshonra de la familia».

Luego, cuando decidí emprender online y especializarme en Manifestación, vinieron otros miedos al juicio: «¿Qué van a pensar tus antiguas alumnas y clientas con ese cambio? ¿Y si no le gusta a nadie el tema de la Manifestación? No parece que nadie lo trate en España y, de hecho, casi nadie que hable español lo menciona. ¿Y si todo el mundo te desprecia?».

Las dos veces pensé lo mismo: «¡A la mierda!».

Entiéndeme bien: los miedos seguían ahí, pero de todos modos tomé la decisión de ir a por lo que quería.

Tu vida es demasiado importante para pasártela creando excusas de por qué no puedes.

Como ahora sabes, puedes defender tus sueños o tus excusas, no las dos cosas a la vez.

LA ACCIÓN INSPIRADA

Una Manifestadora Experta no solo pasa a la acción, pasa a la acción inspirada.

Es una acción que está impulsada desde un saber interior. Aunque esta acción te genere miedo y resistencia (y muchas veces lo hará), algo te impulsa a emprenderla. Ese algo es tu intuición. La voz de tu alma.

Si sueles decir que no tienes intuición, permíteme discrepar. Comprar este libro y haber llegado casi al final ha sido una acción inspirada. ¿Acaso has tardado cien años en decidir si leerlo o no, comiéndote las uñas por si era la decisión correcta que debías tomar en tu vida?

Si crees que eso no ha pasado porque es solo un libro, y que ha sido así porque no es una decisión que te suponga mucho trabajo, mucho dinero o mucho compromiso, más vale que paremos un momento aquí.

No se trata del hecho de que sea solamente un libro. La única diferencia es que escuchas más a tu intuición, es decir, confías más en ti cuando se trata de algo pequeño. Cuando se trata de algo grande, se despierta tu mente controladora: la autoexigencia, el miedo a fracasar, al juicio, a la comparación y a todo lo que hemos estado hablando desde la primera página del libro.

Debajo de ese ruido mental se esconde la respuesta perfecta, la que sientes que es para ti, aunque te dé miedo admitirlo, y eso es una sensación en el cuerpo.

Una de mis alumnas quería mudarse de país y buscar un trabajo nuevo. Después de trasladar esa intención a su diario, le respondieron con una oferta en el lugar perfecto. Inmensamente feliz, hizo la entrevista y a los pocos días le ofrecieron el puesto. Lo primero que pensó fue que debería aceptar el trabajo, pero sentía que algo no encajaba. No tenía la ilusión de imaginarse en ese nuevo ambiente y durante la entrevista había sentido rechazo a la idea de unirse a ese equipo. Es algo que supo desde el primer instante.

Luego vino el ruido interior: «Pero esta es tu última oportunidad, no te han llamado de ningún otro sitio. ¡Imagina si ahora no te llama nadie más!». Lo que ocurría en su mente era la lucha entre la intuición y el ego.

La intuición es la voz de tu alma y el ego, la de tu cerebro cavernícola. Puedes volver a leer la tabla de la página 107 para recordar la diferencia entre las dos. El ego se expresa desde la urgencia, la amenaza, el miedo paralizante. Vive en el miedo a los «qué pasará si...» negativos.

En estas situaciones, el ego cree que resulta útil la típica lista de «pros» y «contras», aunque tú y yo sabemos que en la mayoría de las ocasiones no tienes ninguna duda de lo que quieres, lo que ocurre es que no te atreves a admitirlo.

En el caso de mi alumna, sobre el papel los pros superaban con mucho a los contras: el salario era bueno, era el lugar que quería, etc. En cambio, los contras eran solo «hay algo en mí que me dice que no».

La voz de su intuición le hablaba con tranquilidad. Se abría a las posibilidades infinitas, no se limitaba a esa única oportunidad como si nunca fuera a haber otras. Mi alumna sufría porque quería forzarse a aceptar lo primero que le había llegado. Lo consideraba su gran Manifestación. No quería decirle al Universo que rechazaba sus regalos y tenía miedo a quedarse sin más opciones en el futuro si no aceptaba.

Aceptar algo que nos hunde por dentro es decirle al Universo que no confiamos en él (ni en nosotras mismas) para manifestar lo mejor. Es expresar alto y claro que no creemos que llegará lo que de verdad queremos. Es, en definitiva, sabotear nuestra Manifestación.

Tenemos la creencia de que en el instante en que empezamos a cambiar por dentro, todo cambiará por fuera, pero es algo gradual. Al sanar las raíces, los frutos no crecen enseguida, pueden pasar meses antes de una buena cosecha. Durante ese tiempo nos llegarán señales de que estamos en el buen camino, como, en el caso de mi alumna, esa primera oferta cuando antes nadie le había contestado.

Era un guiño del Universo que le decía: «Lo estás haciendo bien, mira, ya me estoy moviendo, sigue así».

El mensaje no era: «Acepta ese trabajo que te repele, porque, si no, nunca más tendrás otras oportunidades y te vas a quedar sin nada». Significaba esto otro: «Atenta, sigue así, mantén el foco, que dentro de poco llegará lo que quieres».

Es importante destacar que la razón de que no aceptara el puesto no fue porque aún no era el trabajo de sus sueños, simplemente fue porque su intuición le dijo que no.

En el camino hacia nuestro trabajo ideal, nuestra pareja soñada o nuestro piso deseado, muchas veces pasaremos por manifestar puestos, parejas y pisos intermedios que nos permitan recoger las lecciones que nos preparen para nuestro gran salto. Todas ellas son señales de que estamos en el buen camino.

Si su sensación interior hubiera sido expansiva, el mensaje habría sido: «Sí, ese puesto no es el de mis sueños, pero siento que es mi próximo paso. Voy a aprender mucho y dar lo mejor de mí, además de que estaré en el lugar que deseo». Si ese hubiera sido el mensaje de su intuición, aceptar el puesto habría sido una acción inspirada en el camino de su gran Manifestación. El puesto en sí no era ni bueno ni malo, y el hecho de estar conectada con la voz de su intuición le permitió tomar la decisión más alineada con su Verdad.

Después de rechazar la oferta, siguió solicitando más puestos que antes, motivada por ese guiño del Universo, mejoró sus habilidades para comunicar en las entrevistas, se movió para crear una mayor red de contactos en su campo, siguió visualizando, y al cabo de unos meses volvió a llegarle otra oportunidad. Sobre el papel, esta no tenía casi nada distinto de la otra, salvo un salario un poco más elevado. Pero al hacer la entrevista, la sensación corporal fue un SÍ rotundo. Un «sí» acompañado de miedito por el nuevo reto que estaba a punto de aceptar. Su primera experiencia le había permitido reconocer la voz de su intuición y dejarse guiar por ella para alcanzar su gran Manifestación.

No hay una receta mágica para no equivocarnos nunca. Es a través de la experiencia que ganaremos la sabiduría y la práctica necesarias para saber escuchar nuestra intuición en cada decisión que tomemos.

Para desarrollar una nueva habilidad, no hay nada como el ensayo y error, amiga.

Nuestro papel es pasar a la acción con confianza cada día, paso a paso, sabiendo que lo que está por venir es mucho mejor para nosotras que cualquier idea que nuestro pequeño ego se haya podido hacer sobre nuestro futuro. Debemos dejarnos sorprender. La acción inspirada siempre será recompensada, aunque no sea de inmediato.

Cuando estaba en la situación crítica que te comenté, con mis últimos euros en la cuenta, compré un programa online de abundancia y negocios que costaba más de lo que nunca había invertido en mí misma. De hecho, pedí prestado una parte del dinero porque ni me alcanzaba para pagarlo. Pero más allá de las circunstancias por las que teóricamente no me lo habría podido permitir, algo me impulsaba a hacerlo; era una emoción más allá del miedo que me decía que eso era para mí. No sabía qué iba a hacer después, no tenía un plan preparado. Aquello suponía un verdadero salto de fe.

Mi ego gritaba que estaba loca porque me iba a quedar sin nada, y ¿qué pasaría si no lo conseguía? Sin embargo, por dentro notaba claramente ese sentimiento. Tenía miedo, pero miedo con ilusión. Reconocí esta sensación como una señal de mi intuición.

Así que decidí pasar a la acción, y aún hoy me doy las gracias por haber dado el salto a pesar del miedo.

Ahora, antes de pasar a los ejercicios, ponte la mano en el corazón y repite en voz alta:

«¡Mi éxito es inevitable y siempre estoy en el buen camino!».

SI ELLA PUEDE, TÚ TAMBIÉN

Ofelia

De cómo Ofelia pasó de vivir agobiada, con un estrés permanente y a punto de cerrar su empresa, a tener más tiempo, multiplicar sus ingresos por 200 y sentir más pasión por su vida que nunca.

«He pasado gran parte de mi vida con el freno de mano puesto. Era una sensación de no avanzar. No me permitía soñar y me iba dejando llevar por la vida sin rumbo.

»Pensaba que el dinero solo traía problemas, creía que estaba mal tener más que mi familia, que para ganar más, tenía que sacrificarme y pasar miles de horas en el trabajo. Esas creencias se reflejaban en lo mal que iba mi negocio, que estuve a punto de cerrar.

»Durante la pandemia me apunté a *Manifiéstalo* y el cambio de creencias que creé fue tan tremendo que todo en mi vida se transformó a mi alrededor.

»Muy pronto noté grandes cambios en mi vida, como trabajar menos horas y obtener más beneficios. De hecho, pasé de estar endeudada a obtener un 200 % más en mis ingresos en apenas meses. Esto me aportó mucha tranquilidad y constaté que rompiendo esquemas podemos crear una nueva realidad más fácil y fluida.

»Empecé a pasar a la acción y me prioricé a mí misma. Empecé a levantarme más temprano para hacer cosas que me gustaban, como desayunar tranquila, sin prisas, o meditar antes de ir a trabajar.

»Me propuse pasar menos horas en el trabajo a cambio de ser más productiva en ese mismo tiempo, y los resultados fueron increíbles.

»Mejorar mis hábitos y enfocar energía en mí fueron acciones claves para conseguir mi transformación. Ahora he aprendido a tener foco, a soñar a lo grande y a vivir mi día a día con ilusión y bajando mis ideas a tierra. Claro que siento miedo, pero lo hago igualmente. Porque me siento capaz y porque tengo superintegrado el pasar a la acción soltando el cómo y el cuándo. La perfección es un espejismo de mi ego que solo me impedía crecer.

»Continúo con mi negocio por las mañanas y dedico las tardes a mi parte más artística, creativa y espiritual; soy pintora de abstracto desde el alma, e incluso imparto talleres, algo que antes ni siquiera imaginaba. Antes sentía esta faceta como un simple hobby, pero con todos los aprendizajes de Maïté he podido crear una vida acorde con mis valores.

»Mi vida ahora tiene sentido, decido qué quiero hacer y hago más aquello que me apetece y me hace vibrar. Estoy más en sintonía con mi Ser.

»Tal como estoy escribiendo y compartiendo contigo todos mis avances, se me eriza la piel y se me expande el corazón.

»Los pequeños pasos son los que te van a llevar al éxito de vivir tu propia vida, y a mis casi cuarenta años, por primera vez me siento dueña de mi vida.

»Mi consejo es que te priorices. Prioriza tu crecimiento y tu aprendizaje. Comprométete al máximo y ve a por ello. Sueña, y sueña a lo grande. Imagina y visualiza. Siéntelo en tu cuerpo y pasa a la acción. Y busca el acompañamiento de quien ha logrado lo que tú deseas».

LAS GRANDES IDEAS DE ESTE CAPÍTULO

- La acción es el último paso que convierte tus manifestaciones en reales y tangibles.
- Quedarte estancada es la decisión de no pasar a la acción.
- Para liberarte de la inacción, rechaza la mentalidad fija y adopta la mentalidad de crecimiento.
- No hay malas decisiones; el Universo se reorganiza para brindarte el mejor apoyo en el camino que elijas.
- El juicio de los demás no tiene nada que ver contigo y todo que ver con querer defender su estrecha visión del mundo.
- Ni los halagos ni las críticas hablan de ti, y entenderlo te libera del miedo a ser juzgada.
- La acción inspirada es la manera de actuar de una Manifestadora Experta, escuchando tu intuición y asumiendo riesgos, con miedo y emoción.

Ejercicios para pasar a la acción

1. ¿Qué paso has estado pensando dar, pero evitaste por miedo a equivocarte?

2. Escribe a mano una lista con todas las razones que te contaste para no pasar a la acción. Tacha cada una de ellas y escribe bien grande en la página: «EXCUSAS».

3. A continuación, escribe todas las razones por las que decides que eres plenamente capaz de pasar a la acción.

4. Agéndala en tu calendario ya. Si no está agendada, no pasará nunca.

9

Conviértete en un imán para el dinero

Que tú decidas vivir una vida más rica da permiso a otras mujeres a hacer lo mismo, y juntas cambiamos el mundo.

Denise Duffield-Thomas

¿AMOR U ODIO?

Ah…, el dinero.

De todo lo que queremos manifestar en nuestra vida, pocas cosas despiertan tantas reacciones de amor-odio. De hecho, es posible que este capítulo te haga sentir lo mismo. No pasa nada. Si puedo cambiar, aunque sea un poco, tu percepción del dinero, habré hecho mi trabajo.

Puede que seas de las que se han puesto el objetivo claro de hacerse más prósperas, de las que se sienten culpables por querer más o de las que lo ven como algo nefasto que hay que evitar a toda costa.

La verdad es que, si quieres manifestar tus sueños, debes aprender a manifestar dinero.

Vivir tu vida soñada, sea cual sea, sin la mínima duda, conlleva un coste. Estamos en una realidad física en la que se acordó que el dinero sería la vía de intercambio de bienes y servicios.

Este pasaje de la autora Jen Sincero, que me encanta, lo expresa alto y claro en su libro *You Are a Badass at Making Money*:

Si has venido a la Tierra para ser la versión más grandiosa y generosa de ti misma (y así es), y crecer en esa gran versión de ti requiere dinero (y así es), es tu DEBER, como hija de la Madre Naturaleza, hacerte rica [...].

Ser rica significa poder permitirte todas las experiencias requeridas para vivir tu vida más auténtica. La cantidad de dinero y el propósito que le des dependerá de ti, pero nadie vive gratis [...]. Si eres artista, podrás invertir tu riqueza en pintura, lienzos, clases de dibujo, un estudio, viajes a lugares que te inspiren, cenas con tus amigos artistas, una agencia de relaciones públicas, un DJ para tu exposición, los gastos de admisión en los museos, comprar comida sana, y un *béret*.

Nadie vive gratis y ninguna expresión de tu vida perfecta es sostenible sin los medios para apoyarla. Precisamente por esto, he decidido añadir un capítulo específico sobre el dinero.

Como es obvio, puedes usar todo lo que has aprendido anteriormente para todas las áreas de tu vida, entre ellas la prosperidad. Pero veo tantas creencias y comportamientos limitantes sobre el dinero, sobre todo en mujeres conscientes, que considero mi deber contribuir a romper este patrón.

NO, NI EL DINERO NI LOS RICOS SON MALOS

Demonizar el dinero y a los ricos es una manera común de conectar con las demás personas. Es la necesidad gregaria del ser humano de crear unos «otros» para sentir un «nosotros». Lo malo de este hábito es que no podemos atraer en abundancia algo que demonizamos.

Recuerdo que pasé una semana en un retiro de yoga en la isla de Menorca junto a unas amigas. A pesar de que lo disfruté mucho, me asombró la normalidad con la que la mayoría de las participantes se quejaban del dinero y de los ricos. Me impactó especialmente porque me recordó cuánto lo hacía yo también antes de entender cómo funcionaba de verdad la creación de riqueza. Era como hablar del tiempo.

En la primera cena, una chica le preguntó a la profesora a quién prefería dar clases durante el verano en la isla. Su respuesta me impactó: «A todas menos a las ricas, que parecen hacer yoga porque se aburren en su villa». En ese momento pensé: «Entonces, ¿se supone que las razones por las que un "pobre" hace yoga son más nobles?». Según esta interpretación, las que son ricas no pueden disfrutar legítimamente de esta práctica milenaria, que, por cierto, se basa en la aceptación de todos y la no dualidad.

Interesante.

El resto de la semana, cuando estábamos por las tardes en la playa, algunas chicas veían los yates a lo lejos y decían: «Ya no saben qué hacer con su dinero», «Seguro que se aburren allí», «Qué necesitad de enseñar que tienen pasta». Pero al mismo tiempo se quejaban de que el dinero no crece en los árboles y que ojalá no tuviesen que volver al trabajo después de las vacaciones. Decían que el dinero siempre se quedaba corto y que era la causa de todos los problemas del mundo.

En resumen, se estaban quejando de su situación económica, a la vez que criticaban a la gente rica y consideraban al dinero el culpable de los males del planeta.

Por un lado, creo que su postura no dejaba de ser irónica, ya que ellas también podrían ser consideradas «ricas que se aburren», y seguro que habría quien las criticaría porque podían permitirse un retiro de yoga en una isla. Por otro, no se daban cuenta de que estaban metidas en un bucle tóxico que las estancaba en la escasez.

Era el mismo patrón que me había mantenido en la pobreza años atrás. Ese patrón daña más al que juzga que a las personas ricas, en las que tanta energía solemos invertir en criticar, en vez de usarla para mejorar nuestra propia vida.

¿Cómo podría ayudarnos nuestro subconsciente a manifestar dinero si, en nuestra opinión, los ricos son malos y el dinero es la fuente de todos los problemas? Obviamente, nos protegerá y evitará que nos volvamos también «malas personas» y que tengamos en nuestras manos semejante bomba atómica.

Seamos claras: el esnobismo de ser antirrico no es más noble que el esnobismo de ser antipobre. Ambos vienen del ego. Los dos dividen y crean la falsa sensación de sentirse superiores. El primero simplemente te impide alcanzar tus sueños, ya que te llevará a sabotear todas tus oportunidades de ser rica, es decir, de vivir la expresión más expansiva y plena de tu vida.

Una pena.

El esnobismo antidinero y antirrico no es algo casual. Ha sido creado y fomentado por interés. Al igual que el mito de la belleza, no tiene nada que ver con las apariencias. Y, en este caso, tampoco tiene que ver con el dinero. De nuevo, todo tiene que ver con la sumisión.

En muchas religiones se ha considerado el dinero como algo malo, algo pecaminoso, que nos lleva de cabeza al infierno. En el cristianismo, los pobres son los que llegan los primeros al reino de los cielos. Esa es una perspectiva muy cómoda, ya que en Europa, durante toda la época feudal, Dios otorgaba el derecho a mandar directamente a los reyes y al alto clero, y eso no debía ser cuestionado. Sobre todo, no debían cuestionarlo los que nunca llegarían a disfrutar de tales derechos. Las iglesias estaban repletas de oro, mientras al pueblo se le inculcaba que el dinero y quienes lo tenían eran malvados.

Qué paradoja. Pero la razón está clara: un pueblo que cree que el dinero es malvado no pedirá más que el pan para pasar el día; no luchará por una mejor repartición de las riquezas ni por sus derechos. Es un pueblo que trabajará día y noche dócilmente y no tendrá tiempo ni para levantar la mirada. Es un pueblo que no tendrá la posibilidad de educarse y, por eso mismo, nunca cuestionará el sistema vigente. Un pueblo que cree que el dinero es malo será un pueblo fácil de manipular, siempre.

La historia ha constatado que la mayor parte de las revoluciones, empezando por la francesa de 1789, no fueron lideradas por los que menos tenían. Fueron impulsadas por la burguesía. Es decir, una clase social intermedia, que había dejado de demonizar el dinero y se sumó a la idea de que merecían tener más derechos y calidad de vida que los que les ofrecía el sistema.

La pirámide de las necesidades humanas de Maslow, considerado el padre de la psicología humanística, explica el mecanismo subconsciente de este fenómeno.

Mientras las necesidades de un nivel no estén cubiertas, no podremos evolucionar hacia los demás. El primer nivel es el de

la supervivencia, donde pensamos principalmente en comer, dormir y reproducirnos. Luego viene la noción de seguridad: crear un hogar, tener un empleo, un círculo familiar y salud. Sigue la necesidad de afiliación: crear amistades, intimidad y relaciones con sentido.

Y solo en los dos últimos escalones llegan el éxito y la autorrealización.

Únicamente después de haber creado seguridad física y material, uno tiene el espacio mental y energético para pensar en realizarse y tener éxito.

En esos dos escalones las personas despiertan y ya no son tan fáciles de manipular porque piensan por sí mismas, sueñan, se atreven a ir a por lo que quieren. Es el momento en el que salen de un sistema arcaico de sumisión basado en la demonización del dinero.

Que tú te quedes con menos dinero del que mereces y deseas fomenta no solo tu sumisión, sino también la de las demás. Que aceptes el dinero en tu vida, en toda su grandeza y abundancia, crea más poder y libertad para ti y, a través de ti, para todas nosotras.

Es momento de dejar atrás el rencor hacia el dinero y la culpabilidad por quererlo.

Lo puedes decir alto y claro:

- «Merezco dinero en abundancia».
- «Amo el dinero y el dinero me ama a mí».

El dinero no es ni bueno ni malo. Es una herramienta neutra, exactamente como un bolígrafo, unos zapatos o un cuchillo.

Imagina un cuchillo de cocina. Un padre o una madre de familia lo usa para preparar una cena deliciosa para los suyos. Un momento de compartir con amor, risas, sabores a hogar y cariño.

Imagina ahora ese mismo cuchillo en la mano de un asesino. Mata a una persona al salir de una discoteca para robarle la cartera. La situación cambia y pasamos a un momento de drama, oscuridad y violencia.

¿Quién tiene el mérito de la comida en familia, el cuchillo o el padre/la madre?

¿Quién tiene la responsabilidad del asesinato, el cuchillo o el asesino?

¿Desde cuándo culpamos a la herramienta por lo que crea el que la usa?

¿Desde cuándo premiamos a la herramienta por los logros de quien la usa?

En tus manos, el dinero puede crear la obra que tú quieras, exactamente como una pintura sobre un lienzo blanco. Tú lo guías.

Si te da miedo que, una vez lo tengas, te «cambie» y te vuelvas avariciosa, déjame decirte algo: la avaricia viene de la misma mentalidad de escasez que la pobreza; las dos vibran en un estado de carencia, ya sea con o sin dinero. Una mente abundante no será avara ni en la pobreza ni en la riqueza.

El dinero no cambia a las personas. El dinero solo potencia los rasgos de tu carácter. Y la avaricia es un rasgo de escasez, tengas dinero o no.

Si eres una persona avara ahora, seguramente lo seguirás siendo después aunque tengas más dinero, y si eres una persona generosa, aún podrás serlo más cuando tengas más.

El dinero es una herramienta neutra que hará lo que tú decidas hacer con ella.

En la cultura popular parece que ser deshonesto y tramposo es algo de ricos. Pero seamos honestas, ¿nunca has conocido a alguien deshonesto que sea pobre? O sea, ¿los que no tienen dinero son todos honestos y rectos?

Estos argumentos carecen del más mínimo sentido. Ha llegado el momento de dejar de escondernos detrás de estos prejuicios y usarlos como excusa para no ir a por lo que de verdad queremos.

Cuando acabamos aquel retiro de yoga, mientras estábamos en el aeropuerto con unas compañeras esperando el avión de regreso a Barcelona, vimos en una estantería varias revistas inmobiliarias. Cogí una para hojearla. Estaba repleta de mansiones y villas multimillonarias con piscina. Siempre me ha fascinado ver este tipo de contenido y muchas veces he guardado fotos similares en Pinterest para mis tableros de visión. Al verlas me emociono, me alegro por la gente que vive en esas casas, admiro su belleza, el verde del jardín, el espacio y la luz en las salas. A menudo, sin darme cuenta siquiera, antes de saber de Manifestación, entraba en una ensoñación y me imaginaba allí, haciendo yoga en la terraza de cara a la piscina, desayunando descalza en la hierba. Observar esas casas estupendas es un momento agradable de recreo, y también lo era cuando no tenía nada en el banco y ninguna idea de lo que iba a hacer con mi vida. No se trataba realmente de las casas en sí, sino de admirar la belleza que somos capaces de crear.

Después de acabar de hojear la revista, le pregunté a la chica que estaba sentada a mi lado —una de las que habían estado criticando a los ricos durante el retiro— si quería echarle un vistazo.

Su respuesta se me quedó grabada: «Uy no, por favor, ¡que no quiero torturarme!».

Su elección de palabras me impactó.

Es lo que hacemos tan a menudo. No nos permitimos ni soñar ni admirar la belleza que hay en el mundo porque hemos decidido que no era para nosotras. Nuestra mente de escasez considera una tortura ver algo que (aún) no podemos permitirnos.

Las personas no demonizan a los ricos porque los odien.

Los demonizan porque los envidian.

Se trata de un mecanismo de defensa típicamente humano por el que demonizamos y despreciamos lo que deseamos pero pensamos que no podemos conseguir. La envidia es tan dura de aguantar que preferimos transformarla en odio.

Es dura de aguantar porque nos hace mirar hacia dentro y asumir nuestra responsabilidad por no tener lo que ellos tienen. Así pues, es mucho más fácil decir que ellos son malos y nosotras, nobles de corazón. Qué maravillosa manera tiene el ego de confirmar nuestras limitaciones.

Para cumplir nuestros sueños, debemos dejar de escondernos. Debemos abandonar el odio. Como aprendiste a hacer en el capítulo 1 de este libro, debemos transformar la envidia en inspiración.

¿Qué te inspira de la gente rica y exitosa? ¿Qué rasgos de carácter y cualidades han tenido que demostrar para llegar a donde están ahora?

Muchas veces, la envidia no es otra cosa que la voluntad de tener lo que tiene el otro sin estar dispuesta a dar lo que esa persona dio para conseguirlo. Empezar a ser honesta contigo misma te permitirá reconocer las cualidades de las personas ricas y exitosas, y crear, tú también, la prosperidad que te mereces.

Esto no quiere decir que tengas que querer yates y villas multimillonarias. Ser próspera representa una realidad diferente para cada persona, pero recuerda: ninguna expresión de tu vida plena será factible sin los medios para sostenerla.

La creación del *alter ego* que empezaste a definir en el capítulo 4 será aún más sencilla si tomas como ejemplo a aquellas personas que ya manifestaron su vida soñada, en vez de rechazarlas.

Para la creación de mi *alter ego*, me basé en algunas de las personas más exitosas que conocía y en otras que había visto en los medios. Dejé de lado la crítica y el victimismo y empecé a estudiarlas igual que una científica observa las células bajo el microscopio.

Me di cuenta de que compartían unos rasgos que les habían permitido crear su éxito: determinación, coraje, mentalidad de crecimiento, responsabilidad radical, positividad, capacidad de ver más allá de las circunstancias, de ser más grandes que sus problemas, constancia, mente de principiante, curiosidad, inteligencia y atrevimiento. Observando de cerca a las personas ricas que más me inspiraban, comprendí que compartían otros rasgos adicionales: generosidad, voluntad de crear impacto positivo en la vida de otros, compromiso con su desarrollo personal y espiritual, vocación de ayudar y capacidad de asumir riesgos en función de sus ideales.

En los medios adictos al sensacionalismo, hablar de los «ricos malos» atrae mucho más que referirse a todo lo bueno y maravilloso que hacen las personas con su fortuna.

Pero ¿sabías que hasta la Madre Teresa era en realidad multimillonaria? Así es. Muchísimos millonarios le hicieron donaciones, algunos hasta le dejaron gran parte de su fortuna. Y no solo eso: a su lado tenía la multinacional más grande del planeta: la Iglesia católica. Todas las obras que pudo llevar a cabo no hubieran sido posibles sin usar la herramienta del dinero con fines altruistas.

En un evento de empresarios al que asistí, recaudamos en media hora un millón de dólares de fondos para donar a una ONG dedicada a salvar a las niñas de la esclavitud sexual en la India.

Estos son solo dos ejemplos más entre los miles que se dan en el mundo.

Claro que hay ricos que no tienen buenas intenciones. Como cualquier otra persona del mundo. Son humanos como tú; con más dinero, eso es todo.

Antes dije que el dinero no cambia a las personas. Pero la verdad es que a mí sí me cambió, y en positivo. Soy mucho más generosa ahora que cuando era pobre. En la época en que no disponía de independencia financiera, me centraba principalmente en mí, ya que mi primera pregunta era : «¿Cómo puedo llegar a fin de mes?». Y ahora que tengo todo lo que deseo, mi principal pregunta es: «¿Cómo puedo servir y contribuir más?». Desde entonces he podido crear empleos, donar miles y miles de euros a asociaciones caritativas, y cuidarme de mí y de los míos.

Imagina que todos pudiéramos centrarnos en esa pregunta. ¿De qué modo podríamos impactar en el mundo? ¿Qué sociedad crearíamos?

NO LE QUITAS A NADIE POR TENER TÚ MÁS

Creer que tener más significa que se lo estás quitando a otra persona es un pensamiento muy común y absurdo.

Pensar que si de verdad quisieras ayudar a los demás, deberías tener menos, es como pensar que si alguien se pone malo, lo mejor es que tú también dejes de cuidar tu salud.

Pensar que no deberías tener más dinero porque otros son pobres es como decir que no debes disfrutar del sol porque les estás quitando los rayos a otros.

El hambre nunca se sanará con más hambre.

La escasez nunca se sanará con más escasez.

La pobreza nunca se sanará con más pobreza.

Todo lo contrario:

La escasez se sana con abundancia.

Si realmente te importan los demás, es tu derecho y tu deber hacerte rica.

No puedes dar lo que no tienes.

No puedes compartir lo que te falta.

Y además:

Nunca estarás lo bastante triste para ayudar a los depresivos.

Nunca estarás lo bastante sola para ayudar a los que no tienen a nadie.

Nunca estarás lo bastante enferma para ayudar a los enfermos.

Nunca serás lo bastante pobre para ayudar a los pobres.

Voy a contarte una historia y me gustaría que decidieses cuál de las dos mujeres querrías ser.

Una mujer que amaba la naturaleza más que a cualquier otro ser viviente se enteró de que el bosque que había al lado de su casa iba a quedar arrasado por una promoción inmobiliaria. Estaba desesperada y a la vez decidida a salvarlo.

Esta mujer despreciaba el dinero, pues lo consideraba la fuente del mal, y su objetivo era acabar con el sistema. El día en que llegaron las excavadoras, se encadenó a un árbol gritando que no podrían cortarlo. Llegaron las máquinas y, efectivamente, no cortaron el árbol al que ella se había encadenado, pero sí todos los demás. Y la mujer fue a juicio por ocupar una propiedad privada.

En una línea del tiempo paralela, esa misma mujer estaba igual de enamorada de la naturaleza y los animales. Cuando recibió la noticia de que el bosque de al lado de su casa peligraba, también se propuso salvarlo de inmediato. La única diferencia entre las dos mujeres es que esta última sabía que el dinero era una herramienta neutra y, dada la desigualdad del sistema, decidió que debía hacerse muy rica y ayudar a quien ella quisiera. Compró el bosque y con ello evitó que talaran ningún árbol. Todos los animales se salvaron, y además la mujer fundó un santuario para protegerlos cuando ella ya no estuviera.

En lugar de seguir siendo pobre para luchar contra un sistema cuyos valores no compartes, ¿por qué no pones el sistema al servicio de tus propios valores, generando el dinero que tú misma te mereces, con el que harás todo lo que te dé la gana?

El dinero es poder, y más poder en manos de personas buenas redunda en beneficio de todo el mundo. Con cada euro tienes la posibilidad de elegir qué consumes y cómo, y a qué causas lo destinas o en qué lo inviertes.

Si te importa la justicia y el medio ambiente, dejar a un lado la moda de baja calidad y poder comprarte ropa que es sostenible y está confeccionada en industrias locales te permite apoyar tus valores.

Si te importa tu salud y tu vitalidad, comprar alimentos orgánicos y de proximidad te permite apoyar tus valores.

Si te importa la educación alternativa de tus niños, inscribirlos en una escuela Waldorf o Montessori te permite apoyar tus valores.

Si te importa mejorar como persona y tener impacto en el mundo, invertir en tu desarrollo personal, en libros, formaciones y acompañantes te permite apoyar tus valores.

El dinero es un recurso ilimitado; por lo tanto, no hay límites a la cantidad que puedes atraer a tu vida.

Es curioso que la mayoría de las personas adeptas a la Manifestación están de acuerdo en que todo es energía, pero cuando hablamos de dinero, esta idea les parece imposible. Sin embargo, el dinero, como todo lo demás en este mundo «físico», sí es energía, y responde a la misma ley de atracción.

Si trabajas por cuenta propia, ¿en algún momento has tenido la sensación de que les quitabas dinero a tus clientes y te has sentido mal por cobrarles?

Y si trabajas por cuenta ajena, ¿te has sentido alguna vez culpable o incómoda por pedir un aumento salarial?

Si es así, es que estás proyectando tus creencias limitantes acerca del dinero sobre tus clientes o tu jefe. Estás pensando que, una vez que te hayan dado más, ellos tendrán menos; que para que tú te enriquezcas, los demás tienen que perder.

Es la misma mentalidad de escasez que nos hace pensar que vender equivale a estafar y que cuando alguien tiene algo que vendernos, debemos desconfiar. No pensamos que el cien por cien de lo que tenemos está en nuestra vida gracias a que alguien aceptó vendernos sus servicios y bienes, y que todo es un dar y recibir.

Cuál sería tu respuesta si te preguntara: «¿De dónde viene el dinero?».

Cuando les hago a mis alumnas esta pregunta, la mayoría responden: «de mi jefe», «de los bancos», «del gobierno», «de mis clientes», «de mi pareja»...

Todas estas visiones se limitan a lo que percibimos con los sentidos: la supuesta materia. Es lo que crea la sensación de que el dinero es limitado, y lo que fomenta la mentalidad de escasez y genera nuestra pobreza.

Sin embargo, lo que vemos es solo el «cuerpo» del dinero, lo mismo que tú tienes tu propio cuerpo.

¿Qué hay detrás de este cuerpo?

Energía.

¿De dónde viene la energía?

Del Universo. Igual que el Universo está en constante expansión,* no hay límites a la energía que se puede materializar en tu vida en forma de dinero.

Todas tenemos nuestro pedazo de Abundancia, y es un pedazo mágico, porque es ilimitado y se expande indefinidamente. Cada persona en el planeta puede tener riqueza y abundancia ilimitada en su camino de vida y su expresión única, según su identidad.

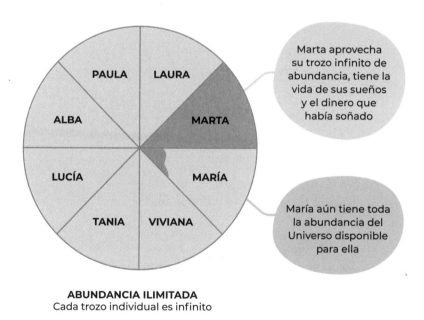

ABUNDANCIA ILIMITADA
Cada trozo individual es infinito

En el gráfico anterior puedes ver los pedazos de abundancia de Marta y de María.

* Michael Greshko, «The universe is expanding faster than it should be», *National Geographic* (17 de diciembre de 2021).

La misión de ambas es expandirse tanto como puedan en sus respectivos trozos ilimitados y únicos de abundancia. Al expandirse en ellos, permiten al Universo expandirse más, creando a la vez más recursos para cumplir sus deseos.

Marta cumple su sueño de ser una emprendedora y conferenciante de éxito, una líder que ayuda a miles de personas en el mundo. Tiene una pareja con la que es feliz, así como una salud y una vitalidad plenas. Disfruta de relaciones de amistad que la nutren y su cuenta bancaria crece sin parar. Tiene la casa, el coche y las vacaciones de sus sueños. El dinero nunca es un problema y no toma ninguna decisión basándose en «cuánto cuesta». Es rica, feliz y se siente realizada. Lo tiene todo.

¿Cómo crees que eso afecta al trozo de abundancia de María?

No lo afecta en nada. No hay ningún nivel de éxito ni de riqueza de Marta que le pueda quitar a María lo que es suyo por derecho de nacimiento. Cada trozo de abundancia es único y personalizado, a la vez que ilimitado.

En realidad, al ver que Marta es tan próspera, María empieza a pensar que para ella también es posible. Si al principio siente envidia, rápidamente se da cuenta de que Marta le está enseñando lo que está disponible para ella. Y gracias al permiso inconsciente que se da al ver a otra mujer con dinero, éxito y abundancia, ella misma se lanza.

Al lanzarse, también permite al Universo expandirse más y crear más recursos para cumplir más deseos aún. El éxito de Marta inspira a otras mujeres a su alrededor y les da el permiso inconsciente que esperan para ir a por sus sueños. Una a una, cambiamos el mundo.

Todo el dinero que deseas manifestar está deseando llegar también a tu vida. En este mismo instante, mientras lees estas líneas, hay cantidades infinitas de dinero que están llegando a ti.

«No hay grado de dificultad en los milagros», nos dice *Un Curso de Milagros*. Para tu mente subconsciente es igual de fácil manifestar 1 euro que 1.000.000 de euros.

Como siempre sucede con el árbol de la creación de la vida, son nuestras creencias de escasez las que han creado las bases de una presa en el río de la riqueza, una presa que han seguido fortaleciendo nuestros pensamientos, emociones y acciones de escasez hasta crear las circunstancias actuales que vivimos.

En uno de mis cursos gratuitos sobre el dinero enseño un fajo de billetes de 100 euros y pido a las participantes que observen lo que sienten y lo que piensan al verme con ese dinero y, además, enseñándolo con una sonrisa en la cara.

Me encanta leer sus respuestas, pues reflejan a la perfección cuáles son sus presas en el río de la riqueza. Una de ellas, María, escribió: «He sentido rabia y he pensado: "¡Qué falsa!, como si fuéramos todas a recibir ese dinero". Luego comprendí que, aunque me gano bien la vida, no me lo quedo, porque creo que dinero es falsedad». Otras tenían como primer pensamiento: «Qué bien para ella, pero seguro que su pareja es rica, una mujer no puede ganar tanto dinero sola».

Cada una de nosotras tiene su presa, y es importante que entiendas que el dinero no es escaso, sino que son esas presas las que crean la realidad de escasez.

Coge una hoja de papel y escribe, sin pararte a reflexionar, de manera casi automática: «El dinero es...», y acaba la frase con lo primero que te venga a la cabeza. Hazlo quince veces seguidas, siempre con ese principio de frase.

Esto es lo que me salió cuando hice el ejercicio por primera vez:

- «El dinero es sucio».
- «El dinero es la fuente de todos los problemas».
- «El dinero es difícil de ganar».
- «El dinero no crece en los árboles».
- «El dinero se va más rápido de lo que viene».
- «El dinero es para los que son buenos en matemáticas».
- «El dinero es para los que nacieron ricos».
- «El dinero no es importante, solo los estudios lo son».
- «El dinero es para los que tienen algo especial».
- «El dinero corrompe a las personas».
- «El dinero es escaso».
- «El dinero es cosa de hombres».
- «El dinero no es espiritual».

Si no has escrito las tuyas, al menos califica mentalmente del 0 al 10 cada una de las frases que he escrito (donde 0 equivale a que no te lo crees para nada y 10 significa que para ti es la verdad).

¿Alguna sorpresa? ¿Empiezas a ver la presa que retiene la energía?

Ahora haz el mismo ejercicio empezando la frase por: «Si soy rica...», y deja que fluyan las respuestas.

Algunas de las mías fueron:

- «Si soy rica, mis amigos ya no me van a querer».
- «Si soy rica, voy a tener que hacerme cargo de mi familia».
- «Si soy rica, tendré mucho más que perder».
- «Si soy rica, pagaré demasiados impuestos».
- «Si soy rica, querrán aprovecharse de mí».
- «Si soy rica, la gente va a envidiarme y me quedaré sola».
- «Si soy rica, voy a volverme corrupta o egoísta».
- «Si soy rica, les quito a otros lo suyo».

Justo después de hacer el ejercicio, cuestiona las afirmaciones que son más fuertes y te parecen más reales, igual que he hecho yo con las creencias de «los ricos y el dinero son malos» y «si tengo más, otros tienen menos».

Encuentra ejemplos de lo contrario y razones de por qué esa creencia es falsa. Para ayudarte, puedes seguir las cuatro preguntas que compartí contigo al final del capítulo 2, y una vez hayas elegido tu nueva verdad, repítela alto y claro, escríbela por toda tu casa y empieza a dar pasos hacia la acción como si te la creyeras ya.

Puedes seguir tú misma y añadir más filas a la tabla.

Antigua creencia (mente de escasez)	Nueva creencia (mente de abundancia)
El dinero es escaso	El dinero es un recurso ilimitado que fluye hacia mí constantemente
Es difícil ganar dinero	Es tan fácil manifestar 1 euro como 1.000.000 de euros
No merezco más dinero	Soy merecedora de toda la riqueza del planeta
Debo trabajar duro y ser perfecta para ganar dinero	Soy millonaria solo por ser quien soy
Debo sacrificar mi tiempo libre por el dinero	Cuanto más me divierto, más dinero manifiesto
El dinero no es importante, prefiero tener salud y amistades	Puedo tener dinero y salud y amistades. Puedo tenerlo todo
El dinero es la fuente de todos los problemas	El dinero financia todas las soluciones

Por cómo funciona el cerebro, al principio es normal que tus nuevas creencias te parezcan extrañas y contraintuitivas. Recuerda que la plasticidad cerebral pide tiempo y atención para reprogramarnos.

Cada vez que actúes según tu nueva verdad, esta se anclará más profundamente en tu sistema. Está comprobado que después de dos semanas, te acordarás del 20 % de lo que escuchaste, del 30 % de lo que viste y del 90 % de lo que hiciste.

Pasa a la acción antes de sentirte segura y lista, y ayuda así a tu subconsciente y al campo cuántico a crear contigo la riqueza que te mereces.

HÁBITOS DE RIQUEZA

Regresamos a la acción. Unas de las principales ideas con las que quiero que te quedes de este libro (además, obviamente, de que tu éxito es inevitable) es la siguiente: esperar de brazos cruzados a que el Universo te lleve tus peticiones en una bandeja de plata es como creer en Papá Noel. El poder de modelar tu vida a tu medida está en tus manos.

Si bien podría escribir un libro entero sobre los hábitos de riqueza, quiero dejarte aquí unas pistas que puedes empezar a implementar desde ya.

Cuida tu relación con el dinero

Estás relacionada con todo lo que te rodea: con tus familiares, con la naturaleza, con el sistema y... también con el dinero. Estoy segura de que, si trataras a tus amigos como has tratado tu dinero hasta ahora, estarías bien sola.

Y lo digo por experiencia propia.

Culpaba al dinero de todos mis problemas y nunca le agradecía su presencia en mi vida. No reconocía todo lo que me había aportado y permitido tener. Lo quería controlar y, al mismo tiempo, decía que no era importante. Lo juzgaba por ser malvado y, al mismo tiempo, quería poseerlo. Quería que estuviera a mi servicio sin respetarlo ni interesarme o aprender nada de él.

En definitiva, me di cuenta de que trataba el dinero como mis ex me habían tratado a mí, o como el patriarcado trata a las mujeres. Le mandaba el mensaje de que nunca era suficiente, de que nunca podría ser lo bastante perfecto para satisfacerme.

Con estos pensamientos, ¿piensas que el dinero tenía ganas de estar conmigo? ¡Obvio que no! ¡Se sentía muy miserable!

Como tú trates el dinero, él te tratará a ti.

Si lo valoras, te valorará.

Si le agradeces, te agradecerá multiplicándose.

Si lo tratas como a tu mejor amigo, se portará como tal.

Un día, en una meditación, me visitó la energía del dinero. Era una energía femenina, parecida a la Mujer del 9 de Oros del Tarot. Solo que en vez de estar pletórica y poderosa como en la carta, apareció vestida con harapos y como muriéndose de hambre. La vi sufrir tanto por todos los malos pensamientos que tuve sobre ella, como por los comportamientos y las relaciones tóxicas de la humanidad con respecto a ella.

Compartió conmigo su sueño: que la pusiéramos al servicio de la VIDA. Que nos diéramos cuenta de que el dinero es una prueba de amor del Universo, un regalo que nos es dado para que podamos disfrutar de nuestra corta experiencia física. Que lo aceptáramos igual que aceptamos otros regalos del Universo como el aire, el agua y el sol.

Antes de irse, me hizo una petición: que ayudara a las personas a tener una buena relación con ella para que consiguieran soltar el sufrimiento y que ellas también estuvieran al servicio de la vida, a través de su propia felicidad, que se contagiaría a los demás.

¿Cómo describirías tu relación con el dinero ahora?

¿Miras compulsivamente la cuenta (control) o pasas totalmente de enterarte de nada (evasión)?

¿Agradeces el dinero que tienes o te frustras porque no hay más?

Elige tu tribu y cuida de quién te rodeas

Por estadística, nuestra cuenta bancaria y nuestra vida se parecerán a las de las cinco personas con las que más tiempo pasemos.

Tenemos en el cerebro algo denominado «neuronas espejo», que aprenden por imitación y programan en tu sistema lo que observan a su alrededor. Si estás constantemente rodeada de negatividad y conversaciones de escasez, eso mismo se grabará en tu cerebro y será lo que manifiestes en tu realidad.

Si hicieras ahora la lista de esas cinco personas, ¿cuáles serían los cinco adjetivos que usarías para describir a cada una de ellas?

¿Son personas que te motivan a ir hacia delante, que te apoyan y te empujan en pos de tus sueños? ¿Son personas que pasan más tiempo en el victimismo y la queja o en la visión y la acción? ¿Son personas que ven soluciones donde hay problemas o problemas donde hay soluciones?

Tu entorno es sumamente importante, y tener las personas adecuadas a tu lado permite acelerar por diez tu evolución a la mujer rica que quieres ser. Si no tienes esta gente en tu entorno físico, no pasa nada; el mundo literalmente ya no tiene fronteras con la tecnología.

Es habitual que las personas de tu entorno se queden primero asombradas o sean escépticas ante tu evolución. Puede que te critiquen y que no lo entiendan. Puede que les dé más seguridad que te quedes tal como estás. No pasa nada. No tienes que cortar tus vínculos con ellas por eso.

Céntrate en crear un equilibrio, relacionándote también con personas que reflejen las cualidades que tú quieres encarnar y que estén dispuestas a crear un cambio interno para ver milagros en el exterior.

Les digo siempre a mis alumnas que usen sin moderación la comunidad de compañeras y los grupos de compromiso que creamos para ellas en *Manifiéstalo* y *Eres un imán para el dinero*, para que así se acostumbren a estar con personas que adoptan una mentalidad de abundancia. Para atreverse a hablar de sus logros, de dinero, de éxito y de crecimiento, y para inspirarse entre ellas y apoyarse, porque ningún cerebro solo puede hacer lo que muchas mentes unidas son capaces de crear.

En nuestras comunidades encuentran un espacio donde tienen derecho a ser ellas, a ser grandes, a ir a por su riqueza y sus sueños. Muchas se hacen amigas de por vida y se desvirtualizan en las ciudades donde viven. Sienten que han encontrado a unas hermanas de viaje que las conocen mejor que sus propios amigos.

Tú también, busca tu comunidad, no te quedes estancada si tu entorno no conecta con la Manifestación o si tiene una mala relación con el dinero.

Mis alumnas a menudo me preguntan si tienen que cortar ciertas amistades, y mi respuesta siempre es: «Sigue tu intuición».

Como ha sucedido a lo largo de tu vida, habrá gente que ya no forme parte de ella, pero solo para dejar espacio a otras personas que coinciden en mayor medida con tu nuevo yo. En la mayoría de los casos, este cambio se hará de forma natural, ya que, al no vibrar en la misma frecuencia, os dejaréis de atraer. De repente, ya no tendréis tiempo para veros, ya no coincidiréis en los lugares en los que solíais quedar o ya no os llamaréis. Y todo ello sin animosidad, solo por la ley de atracción dejaréis poco a poco de formar parte del mismo mundo.

En otros casos sentirás la necesidad de alejarte de ellas o pedirles con respeto que cambien de tema cuando empiecen a quejarse del dinero y de la vida. La clave es que mandes tú.

Invierte en ti y en tus sueños

Si quisieras subir el Everest, ¿preferirías hacerlo sola o con alguien que ya ha hecho cumbre otras veces?

Una de las trampas de la mentalidad de escasez es que nos hace creer que la gente que nos vende algo no es honesta.

Yo era de esas; me apuntaba a todos los contenidos gratuitos y cuando venía el contenido de pago, me iba sin escuchar siquiera de qué se trataba. Pensaba: «Ya viene la venta», como si eso significara que nada de lo que tenía que decir la persona pudiera tener valor a partir de ese momento. Para mí, vender equivalía a mentir y querer aprovecharse, y despreciaba a las personas en el mismo segundo en el que ofrecían algo de pago. En mi mente ya no eran honestas ni querían ayudar de verdad.

En esa época, a pesar de leer todos los libros y ver todo lo gratuito que se había creado en el mundo sobre el dinero, no obtenía resultados. Y no entendía por qué. Luego escuché esta frase en un pódcast de Tony Robbins: «Si solo quieres cosas gratis, siempre serás pobre», y se hizo la luz en mi mente.

Me repetía que «el dinero es abundante» y «soy capaz de manifestar dinero», pero mis acciones demostraban que creía justo lo contrario: no estaba viviendo para ganar, sino para no perder. Y eso era exactamente lo que manifestaba: una realidad en la que no asumía riesgos y siempre me mantenía con lo justo, o menos incluso.

Antes de atreverme a invertir en mí, tenía la eterna razón del «no tengo dinero». Hasta que me hice la pregunta: «¿No invierto en mí porque no tengo dinero... o no tengo dinero porque no invierto en mí?».

A pesar de todos los libros que había leído, fue en el momento en que invertí en mi primer programa de abundancia y negocios cuando di el salto. Y no solo se debió al contenido y al acompañamiento; fue también porque actué como mi *alter ego*, mi Futura Yo, alineada con mis nuevas creencias de dinero. Fue porque mi compromiso era diferente.

Existe una frase que dice «la transformación está en la transacción», y no podría ser más verdad. En el segundo que invertí en mí, sentí un poder y un compromiso que nunca había sentido antes. Iba en serio y debía hacer que funcionara. Ya no eran solo palabras y sueños; eran verdad. Ya no eran afirmaciones que me repetía por la mañana; era mi nueva identidad que tomaba el mando para actuar y mejorar mi vida.

Cambié mi percepción de la venta: vender ya no era estafar, sino ayudar. Si no hubiera tenido mentores, jamás habría podido dar tantos saltos cuánticos en mi éxito. Si no hubiera invertido en mí, en coaching, en programas y cursos, no habría sanado una pequeña parte de lo que me estaba saboteando.

Estoy infinitamente agradecida a todos los profesionales que me vendieron su acompañamiento, y mi vida no sería igual de abundante sin la evolución que pude tener gracias a ellos.

Tu dinero solo crecerá tanto como crezcas tú, y crecer sola es más difícil.

Al aprender de personas (multi)millonarias, me di cuenta de que cuanto más exitosas son, más acompañadas de coaches y mentores están. Han dejado atrás el «yo puedo solita» y han decidido ser humildes, dejarse guiar e ir más rápido, acompañadas.

Yo misma sigo siempre acompañada, porque el crecimiento y los aprendizajes nunca paran.

Empieza por leer libros, escuchar pódcast, leer artículos de quienes te inspiren, y elige por quién de ellos deseas estar acompañada.

Bendice lo que deseas

Uno de los principios de la filosofía hawaiana Huna dice: «Bendice lo que deseas». Así que cada vez que veas a alguien que tenga lo que tú deseas, dile mentalmente: «¡Me alegro por ti, enhorabuena, a por más!».

Bendice también el dinero que gastes e inviertas. Para que te regrese multiplicado, cuando pases la tarjeta, imagina que desde el Universo llega una energía dorada que te entra por la coronilla, baja por el brazo y sale de la tarjeta para bendecir a todas las personas que contribuyeron a que te llegara lo que estás comprando.

Aunque sea una taza de café, piensa mentalmente en cómo tu dinero está bendiciendo a la persona que te sirvió, al transportista que trajo el café al bar, a los que instalaron la electricidad en el local, a las personas que recolectaron los granos de café... y siente cómo el uso de tu dinero es un acto mágico que bendice al mundo entero.

Lo mismo vale para tus facturas. En vez de caer en la mente de escasez y quejarte por tener que pagar, imagina cómo tu dinero bendice a todas las personas que hicieron posible que tuvieras este servicio en tu casa. Tómate un momento para agradecer tanta plétora de servicios al alcance de tu mano, sin tener que salir de casa para disfrutarlos y que tanto te facilitan la vida.

Puedes hasta añadir mentalmente una frase del tipo: «Gracias, dinero, por bendecir a todos y regresarme multiplicado».

Es una práctica que aún hoy sigo haciendo, pues fue de las primeras que me permitieron cambiar la ansiedad que sentía al pagar por algo distinto: gratitud y alegría.

Deja de tolerar menos de lo que te mereces

Manifestamos lo que toleramos. ¿Qué estás tolerando tú que te genera rencor?

Hasta que no dejes de estar disponible para lo que no quieres, seguirá estando presente en tu vida.

¿Estás tolerando clientes que no quieren pagar por tus servicios?

¿Estás tolerando que te digan que no por quinta vez al aumento salarial que sabes que mereces?

¿Estás tolerando comer platos congelados cuando anhelas comida sana y orgánica?

¿Estás tolerando vivir en un piso sucio cuando quieres una casa hermosa?

¿Estás tolerando amistades que te rebajan?

¿Estás tolerando pasar más tiempo en Instagram que trabajando para conseguir tus sueños?

¿Estás tolerando decidir siempre por el dinero?

¿Estás tolerando no tener tiempo para ti?

¿Estás tolerando que te pidan trabajar gratis?

¿Estás tolerando priorizar a todos menos a ti misma?

Lo que toleras, lo creas.

Tus acciones hablan más que tus palabras. Me dije a mí misma que no trabajaría más gratis, pero aceptaba constantemente ayudar a personas que me escribían mensajes privados de Instagram pidiéndome consejos gratuitos.

Al empezar mi transición a coach, de repente no paraban de llegarme mensajes. ¡Qué feliz me sentía! La gente me explicaba toda su vida, todos sus problemas, y me pedían «un consejo o una ayuda». Esperanzada al máximo y con ganas de ayudar, las leía, les regalaba consejos, opiniones, otras formas de ver su problema... Y al momento de pasar a una sesión de pago, ¡puf!, desaparecían. Sentía un gran rencor y un desprecio por mi trabajo, hasta que me di cuenta: «Lo tolero. Yo lo estoy creando».

De modo que me puse a hacer una práctica, justo el ejercicio que verás más adelante, al final del capítulo: hacer una lista de las cosas para las que no estaba disponible y otra de las cosas para las que sí lo estaba. Semanas después, al dejar de sentirme culpable por no atender a todas las personas de manera gratuita, empezó a descender el número de mensajes pidiendo consejos gratis, y a los que seguían llegando los reenviaba al enlace para pedir cita.

Dejé de manifestar lo que ya no aceptaba en mi realidad.

A partir de ahora, ¿para qué ya no estarás disponible?

Antes de pasar a los ejercicios, ponte la mano en el corazón y repite en voz alta:

«¡Mi éxito es inevitable y siempre estoy en el buen camino!».

LAS GRANDES IDEAS DE ESTE CAPÍTULO

- El dinero es una herramienta neutra que tenemos el derecho de disfrutar y poner al servicio de la Vida.
- Transforma la envidia en inspiración y apóyate en las cualidades de las personas ricas que admiras para definir tu Futuro Yo (o *alter ego*).
- El dinero no cambia a las personas, solo potencia los rasgos de tu carácter.
- Si te importan los demás, es tu deber ser rica. No puedes compartir lo que a ti te falta.
- El dinero te tratará como lo trates tú a él. Cuida tu relación con el dinero igual que haces con tus amigos o tu pareja.
- Encuentra tu tribu y aléjate de las conversaciones de escasez.
- Invierte en tus sueños y hazte acompañar por personas que han hecho el camino.
- Bendice lo que deseas, no puedes manifestar lo que demonizas.
- Deja de tolerar lo que ya no quieres manifestar en tu vida.

Mariam

«Tenía una relación nefasta con el dinero y una autoestima muy baja porque había sufrido violencia machista a manos de mi expareja y padre de mis hijos.

»Solté la presión por ser perfecta y dejé de ver la prosperidad como algo inalcanzable. Cuando sané mi relación con el dinero, ¡pude saldar en pocos meses todas mis deudas, que ascendían a más de 6.000 euros. También pude reformar mi hogar, que se caía a cachos desde hacía dieciséis años; ahora tengo una cocina preciosa (6.000 euros) y un baño maravilloso (7.000 euros). Y lo más increíble es que siendo funcionaria, con un sueldo establecido, ¡he manifestado más de 40.000 euros de manera totalmente inesperada, en plena pandemia! Junto a eso, manifesté grandes colaboraciones con directivos, hasta convertirme en un referente para muchos de mis compañeros. Lo mejor de todo es que hoy me siento feliz, plena y segura de mí misma».

Ara

«En mi vida he escuchado muchas veces: "Confórmate con lo que hay, bastante afortunada eres por tener trabajo". Aceptaba empleos por los que no me pagaban, y en los otros lo daba todo por muy poco.

»Solté esta creencia y me centré en crear mi identidad de emprendedora exitosa. A pesar del miedo, me atreví a soltar todos los clientes con los que ya no quería trabajar. Di un salto de fe y me comprometí con mi riqueza. Dejé de ver el dinero como algo malo y de pensar que quererlo era vergonzoso. Pasé, en plena pandemia, de casi no tener ahorros a tener más de 10.000 euros en el banco y ganar 3.000 euros al mes, con lo que pude independizarme y dejar de vivir en casa de mis padres».

Montse

«Mis creencias principales eran "el dinero se va más rápido de lo que se gana", "no soy merecedora de conseguir dinero" y "el dinero es difícil de ganar". Llevaba años trabajando en la misma empresa y en varias ocasiones había pedido aumentos salariales que no me habían concedido. Nunca conseguía ahorrar, a pesar de no permitirme ningún lujo.

»Después de cambiar mi relación con el dinero y conmigo misma, por primera vez en mi vida conseguí 8.000 euros de ahorros, entre ellos, un bonus de 3.000 euros inesperado, pues nunca lo había recibido. Además, por primera vez me permití disfrutar de unas vacaciones en verano y en invierno, comida ecológica y la ropa que me apetece para cada temporada, y con todo esto ¡acabé el año con más dinero que nunca en la cuenta!».

Raquel

«Mi piedra en el flujo de abundancia era "el dinero es limitado" y "es difícil hacer dinero". Hacía años que quería vender una casa familiar que nadie compraba. Era muy vieja y se encontraba en un pueblo con un número de habitantes cada vez menor, y me había convencido de que nunca lo lograría.

»Después de romper con mi patrón de escasez, la vendí en tan solo cinco meses y, además, por el precio que quería. ¡Estaba que saltaba de alegría!».

Elena

«Yo creía que no era merecedora del dinero. Cuando dejé atrás mi mentalidad de escasez, pasé de unos ahorros de 400 euros a tener 10.000 euros en el banco.

»Me atreví a subir los precios y, mágicamente, después de dar este paso y de repetir mis afirmaciones poderosas, empezó a llegar exactamente el número de alumnas que deseaba para mis clases de yoga. Hoy pensaba "Tengo tanto dinero ahora que no sé qué hacer con él". No imagináis la de años que he estado bajo cero, sin permitirme nada de lo que quería. Ahora no puedo más que sentirme agradecida por disfrutar de mi libertad financiera, una libertad que sé que es mi identidad, porque "el dinero me ama y yo lo amo a él"».

Arjuna

«Siempre me habían dicho que el emprendimiento es la ruina. Estaba en un trabajo donde me pagaban bien y me daba pavor dejarlo para vivir de mi pasión, la terapia.

»Me reconecté con la verdad de que el dinero es ilimitado, me atreví a lanzarme y pasé de 0 a 47 clientes en una semana. Ahora puedo vivir de mi pasión, ayudar a las personas y también viajar por el mundo. Me siento muy agradecida a la vida y estoy feliz. La abundancia de verdad está en todas partes, si sabemos mirarla».

(Puedes escuchar la entrevista completa de Arjuna en el episodio #038 de *Tu éxito es inevitable*).

Ejercicios para ser un imán para el dinero

1. ¿Para qué ya no estarás disponible a partir de ahora? Traza una línea en medio de una hoja y escribe en el lado izquierdo: «Ya no estoy disponible para...», y en el lado derecho: «Ahora estoy disponible para...». Escribe todo lo que ya no aceptarás y lo que permitirás que entre en tu vida a partir de ahora. Se trata de un pacto con el Universo. El cambio no se producirá enseguida, pero confía en que llegará.

2. Lee de nuevo este capítulo y haz los ejercicios que he ido proponiéndote, incluido el de observar dónde encontrar tu nueva tribu y elegir qué acompañamiento quieres tener en el futuro para comprometerte en invertir en ti misma y en tus sueños.

Capítulo Bonus

Cuando ponemos todo junto, ¿qué ocurre?
El método de manifestación
Tu éxito es inevitable

EL MÉTODO TU ÉXITO ES INEVITABLE

Si eres de las que prefieren empezar por el final porque quieres saber ya cómo manifestar, te entiendo, yo también estaría impaciente si fuera tú, ya que tener este conocimiento cambiará tu vida para siempre.

Sin embargo, este libro es mágico porque reprograma tu cerebro mientras lo lees. Transforma tus creencias y abre nuevas puertas que nunca creíste posibles. Todo esto acontece con la lectura.

Si eres de las que han empezado por el final, regresa al principio enseguida, porque no conseguirás los resultados deseados si no lees todo el libro.

Y si eres de las que han empezado por el principio, ya sabes de qué estoy hablando, ¿verdad?

¿A que ahora no ves la envidia igual que antes de abrir este libro? ¿A que has entendido de dónde viene tu tendencia a compararte, tus dificultades para conseguir lo que quieres, por qué pensabas que no eras merecedora, de dónde venía tu miedo al fracaso, tu lucha con tus emociones, tu situación económica y tus manifestaciones «fracasadas»? ¿A que empiezas a sentir que algo ha cambiado en ti desde que empezaste la lectura?

Una mente que ha sido expuesta a una idea no puede volver a ser la misma.

Cuanto más fáciles se exponen las cosas, tanto mejor las recuerda el cerebro.

Cuanto mejor las recuerda el cerebro, más fácil te resulta aplicarlas.

Cuanto más las aplicas, más resultados obtienes.

Cuantos más resultados obtienes, más motivada estás para seguir.

Cuanto más motivada estás, más manifestaciones y regalos de la vida llegan a ti sin que tengas que forzar nada.

Por eso he creado este pequeño pero maravilloso capítulo de bonus en el que hago un resumen paso a paso del proceso de Manifestación.

¿Estás lista?

Aquí llega el proceso mágico de Manifestación, el proceso *Tu éxito es inevitable*.

Todo lo que leerás a continuación ya lo viste de manera más extensa en los capítulos anteriores. Así que respira, felicítate por haber llegado hasta aquí y disfruta.

1. ELIGE TU VISIÓN

Primer paso: Tu vida soñada

Antes de empezar cualquier cosa que nos propongamos, debemos saber adónde vamos. Es el momento en el que levantamos la cabeza, bajamos un segundo de la rueda de hámster y dejamos de apagar fuegos.

Es el momento en el que nos preguntamos: «Si tuviera una varita mágica, ¿cómo sería mi vida?».

Expresa tus ideas en todas las áreas de tu vida, incluso las más locas y las que te parecen imposibles. De hecho, si la gente leyera tus respuestas, debería pensar: «Está loca, eso nunca va a pasar». Porque así es como se cambia de realidad: soñando a lo grande y siguiendo los próximos pasos.

Segundo paso: Lo que más te importa

De entre las áreas que acabas de escribir, elige aquella que, si cambiara, más impactaría en el resto de las facetas de tu vida.

Por ejemplo, si sientes que tener el trabajo de tus sueños es lo que más deseas en este momento y que con este trabajo las relaciones, la salud y el dinero podrían mejorar como beneficio colateral, entonces empieza por el trabajo.

¡Una salvedad importante para las que ya empiezan a estresarse sobre qué elegir! Sé que tu intención es hacerlo perfecto, pero de eso te voy a liberar: lo perfecto no existe. Alguien decía: «80 % perfecto es éxito, 100 % es un fracaso». ¿Por qué? Porque buscar la perfección es una excusa para quedarte parada. ¡Venga!, no te hagas esto, que no estás aquí para andar perdiendo el tiempo.

Recuerda que eres un ser holístico y, por ende, cualquier área que trabajes, cualquier cambio interior que hagas, tendrá efecto en todas las facetas de tu vida. El inconsciente no está compartimentado. Todo es uno. Tú eres una, y lo que trabajes y liberes para conseguir un objetivo también te servirá de imán para todo lo que deseas en otros ámbitos de la vida.

2. DERRIBAR LAS CREENCIAS QUE TE SABOTEAN

¿Qué creencias te llevan a pensar que lo que quieres no es posible?

Son todas las razones por las que piensas que no puedes conseguir lo que quieres.

Cuando dices: «Quiero [tu objetivo que escribiste en el punto 1], pero...», todo lo que sigue al «pero» son creencias limitantes: «Quiero emprender, pero soy demasiado vieja», «Quiero una pareja, pero todos los hombres/mujeres dignas de confianza ya no están disponibles», etcétera, etcétera.

Hazte experta en reconocerlas cuando surjan, en el momento en el que las expreses. Poco a poco conseguirás parar antes incluso de decirlas. Recuerda que no hay ninguna creencia verdadera. Solo hay creencias limitantes y creencias empoderadoras. Tus manifestaciones dependerán de las que decidas nutrirte.

Cuestiona todo diálogo mental que no te empodere. Encuentra contraejemplos, pasa diariamente por el ejercicio de las cuatro preguntas del capítulo 2:

1. ¿De dónde viene esta creencia? (Aquí te das cuenta de que no es tuya y, por lo tanto, la puedes desaprender).
2. ¿Esta creencia es la verdad absoluta o es posible que sea una simple percepción y que me falte información para ver otra perspectiva? (Aquí la cuestionas, dejas de ser la niña que se lo cree y acepta todo lo que le dijeron).
3. ¿Quién sería y qué crearía sin esta creencia? (Empiezas a darte permiso para vivir sin esta creencia).
4. ¿Qué es la verdad o qué me diría mi coach/mejor amiga/el Universo)? (Eliges tu nueva verdad desde tu yo adulto empoderado).

Repite tus nuevas afirmaciones imitando l
Mujer Maravilla y nútrete de todos los contenid
tu nueva mente de abundancia.

En paralelo, usa la visualización para prog
para el éxito. Visualízate como «la nueva tú», esa nueva mujer
segura viviendo su mejor vida. No se trata de hacerlo de una
determinada manera. Visualizar no es más que soñar despierta.
Si sabes preocuparte por el futuro, entonces sabes visualizar. No
hace falta que tengas claros todos los detalles de tu visualización;
concéntrate más en sentir que en ver.

Para ayudarte, recuerda que tienes tu visualización de regalo, lista para que te la descargues, en <www.librotuexitoesin
evitable.com/visualización>. Empieza a escucharla todos los
días.

3. TRANSFÓRMATE EN LA PERSONA QUE YA LO HA CONSEGUIDO

Esta es la parte más esencial e imprescindible.

Es el momento en el que, en vez de perseguir indefinidamente el punto B (lo que quieres) desde el punto A (donde estás
ahora), como un burro que camina eternamente hacia la inalcanzable zanahoria, te conviertes tú misma en la zanahoria.

Exacto, ¡tú eres la zanahoria!

Eres la persona del punto B, que ya lo ha conseguido todo.
Para ser ella, primero necesitas conocerla. Si te resulta difícil
responder a las siguientes preguntas solo imaginándola, piensa
en alguien que ya tiene la vida que quieres para modelarla. Alguien que ya tiene esa realidad...

¿Cómo es?
- ¿Cómo se llama?
- ¿Qué creencias tiene sobre la vida y sobre sí misma?
- ¿Con quién se relaciona?
- ¿En qué programas invierte?
- ¿Cómo pasa su tiempo libre?

Cada mañana te pondrás sus zapatos y vivirás como viviría ella.

4. ELEVA TU VIBRA

Todo lo que quieres lo deseas únicamente para conseguir un estado emocional. Lo que de verdad quieres es sentirte de alguna manera; no importa que sea algo material, un estatus social, una relación o la iluminación; lo que buscas es una vibración a través de una emoción.

Cuando las vibraciones de tus emociones y de tus deseos están en sintonía, dejas de resistirte a recibir lo que deseas y te conviertes en un imán para tus sueños.

Para elevar tu vibra, el perdón y la gratitud son dos de las energías más poderosas. Haz del agradecimiento una práctica diaria; te recomiendo que aproveches antes de ir a dormir y a la hora de despertarte.

Cuando veas que empiezas a controlar el cuándo y el cómo, regresa a la gratitud. Empieza por sentir gratitud por todo lo que ya tienes en la vida, ahora. Aunque ser agradecida por el hecho de haber abierto los ojos o tener un techo ya es un gran paso, poco a poco fortalecerás tu músculo de la gratitud y te será más fácil. Si la gratitud te resulta difícil, cualquier otra emoción agradable es igual de válida. Piensa en hacer cosas que te ilusionen, en reír, en disfrutar.

Para los días en los que te sientas de bajón, recuerda que también tienes derecho a estar mal. La Maestría Emocional necesaria para dominar tu vida implica dos pasos:

1. La gestión de tus estados emocionales, que requiere que honres tus emociones para soltarlas. No se trata de esa positividad tóxica por la que fingimos estar bien, sino de reconocer lo que nos ocurre, darle su espacio y dejarlo ir (recuerda la metáfora del baño).

2. La programación de estados emocionales empoderadores, que requiere el uso de tu fisiología para anclar en tu sistema un nuevo automatismo de bienestar. Tu cuerpo es una herramienta fundamental en la Manifestación, y usarlo a diario para influir en tus emociones reeduca tu cerebro primitivo para acostumbrarse a estar bien y dejar que lleguen a ti siempre mayores niveles de felicidad y abundancia.

5. TOMA LA ACCIÓN INSPIRADA

Un deseo sin acción es solo un sueño. En la acción enseñas al Universo que vas en serio y que sois un equipo.

¿Qué próxima acción tomaría tu nuevo yo?:

- ¿Romper una relación tóxica?
- ¿Actualizar tu currículum?
- ¿Hacer un post en las redes sociales?
- ¿Planificar tu próximo proyecto?

- ¿Contratar un coach para tu negocio?
- ¿Aprender a desarrollar páginas web?
- ¿Seguir un programa de desarrollo personal?

Pregúntate cuál es la acción inspirada que puedes tomar ahora. Será lo primero que te venga a la mente, aunque parezca ilógico o que no tiene nada que ver con tu objetivo. No lo cuestiones. Solo hazlo y asegúrate de priorizar tu sueño.

Entiendo que estás ocupada, pero si fuera una amiga, ¿cómo se sentiría tu sueño si la dejaras siempre para después? Lo que deseas no pasará si no lo sitúas como la máxima prioridad en tu vida. Céntrate. Invierte tiempo, energía y dinero en ti y en tus objetivos. Es tu responsabilidad.

Tú eres el príncipe azul.

La responsabilidad radical es la madre de todos los milagros.

La claridad viene con la acción, no con quedarse en tu cabeza... ¡Que te veo, perfeccionista!

6. SUELTA EL CONTROL Y ÁBRETE A RECIBIR

Se trata de confiar en los tiempos del Universo.

Cuando pides en un restaurante, no sigues al camarero hasta la cocina para asegurarte de que te lo va a traer, ¿verdad? Confías en que llegará a tu mesa con lo que has pedido y disfrutas de tu copa mientras hablas con tus amigos. Entonces ¿por qué lo haces con el Universo?

Tu único trabajo es saber el qué y seguir confiando mientras te comprometes al cien por cien con tu sueño, pasando a la acción, aunque no te sientas preparada.

El Universo elegirá el mejor cómo y el mejor cuándo para ti y todos los implicados. Al comprometerte con tu Manifestación, no hay límites a las sincronicidades que se ponen en marcha y a los movimientos cuánticos que se crean a tu favor para que consigas lo que deseas.

Quiere decir que puedes recibir tus respuestas o tus manifestaciones de una manera inesperada, también mucho más mágica y más potente de lo que hayas previsto. Porque recuerda: tu ego es mucho más pequeño que la gran inteligencia que da vida a tus células y crea planetas. Esta es la inteligencia que está trabajando para ti cuando te comprometes con tus deseos.

Tu Manifestación llegará cuando estés lista para disfrutarla, sostenerla y agradecerla.

No hay prisa para tener éxito. Obsesiónate por ser tu «nuevo yo», no por tu materialización exterior. Ser, hacer y tener constituyen el camino que te dará todo lo que deseas.

El proceso que acabo de compartir contigo no son solo unas pocas líneas en un libro. Es una guía de vida a la que podrás regresar siempre, cada vez que tengas un nuevo objetivo a manifestar o quieras simplemente disfrutar más de los que ya conseguiste.

Es una guía para una vida plena y abundante, y para tener la certeza de que lo mejor siempre está por venir.

Úsala tantas veces como lo sientas necesario.

Conviértela en tu compañera de viaje.

CONCLUSIÓN

Mujer, gran mujer, ya tienes todo lo que necesitas para manifestar la vida de tus sueños.

Siempre lo has tenido todo.

No he inventado nada nuevo en ti. Como mucho, he despertado algo que ya sabías desde siempre y que habías olvidado debajo de capas y capas de condicionamientos. No he apretado ningún interruptor, sino que te he recordado que la luz siempre ha estado encendida en ti.

No será gracias a este método que lo conseguirás todo. ¡Será gracias a ti! Porque tu éxito es inevitable.

Porque has sido perfecta, eres perfecta y serás perfecta, siempre.

Porque, mujer, si puedes crear vida, manifestar humanos a este plano, no me vengas con que no puedes manifestarlo todo.

Porque, en esencia, eres la misma fuente que crea planetas y universos.

Porque no hay nada que no puedas conseguir.

Antes de dejarte para que vayas a vivir la vida de tus sueños, quiero decirte algo. Es algo importante:

Enamórate de tu transformación más que de tus éxitos externos.

Los éxitos externos vendrán y serán maravillosos. Pero lo material es efímero, y tan pronto hayas conseguido lo que quieres, otros deseos tomarán forma en tu interior. Los deseos son la excusa que te empuja a evolucionar y conocer lo que de verdad eres, al igual que las posturas de yoga son excusas para llegar a la paz interior.

Enamórate de la mujer en la que te transformes por el camino y no habrá límite en el paraíso que crearás en la Tierra. El pájaro en la rama está tranquilo no porque confíe en la rama, sino porque confía en sus alas. El verdadero regalo de este camino es enamorarte de ti misma y darte cuenta de que siempre has sido esa mujer fuerte, poderosa, capaz, brillante, inteligente, creativa, generosa, próspera, valiente y sensual que admiras en otras.

Te deseo una gran vida.

Antes de cerrar este libro, repite conmigo:

«¡Mi éxito es inevitable y siempre estoy en el buen camino!».

Te quiero.

Un abrazo,

MAÏTÉ

AGRADECIMIENTOS

Son tantas las personas a las que estoy agradecida por haber hecho posible que este libro viera la luz...

A mi familia, por su herencia cultural y ser la fuente de la cantidad de experiencias de vida que me permitieron crear mi sabiduría.

A Valerio, que escuchó todas mis dudas acerca de cada capítulo con mucha paciencia y amor. ☺

A mi amiga Eugenia, gracias a quien decidí ponerme de verdad a escribir y ha sido un apoyo valiosísimo en cada paso del proceso.

A Laura, mi editora, que captó en el campo cuántico mi intención de publicarlo y me hizo la propuesta exacta que había visualizado en mi mente.

A todo mi equipo, en particular a Sonia, por el tiempo que me permitieron dedicar al libro, su gran trabajo y su dedicación a nuestro propósito.

A Francisco Javier y Leyre, que siempre encuentran la palabra perfecta en el momento perfecto.

A mis alumnas, que me inspiran cada día por su valentía, su determinación y su gran poder de manifestación. Acompañaros es un honor; gracias a vosotras el mundo se llena, poco a poco, de mujeres exitosas.

A ti, que me has leído hasta el final, gracias por decidir manifestar la vida de tus sueños y por elegirme para acompañarte en este camino.

PARA IR MÁS LEJOS

Si sientes que este libro te ha abierto puertas en el maravilloso mundo de la Manifestación, puedes profundizar y vivir la transformación al siguiente nivel uniéndote a mis programas estrella *Manifiéstalo* o *Eres un imán para el dinero*.

En ellos profundizamos los principios que he compartido contigo en *Tu éxito es inevitable*, para que los integres en todas las partes de tu ser (emocional, mental, físico y energético) y pasen de ser un conocimiento intelectual a quién ERES en esencia. También indagamos en otras muchas claves de Manifestación y te brindamos apoyo, sostén y comunidad en cada paso del camino.

Como sus nombres indican, *Manifiéstalo* te permite alcanzar la Maestría de la Manifestación en todas las áreas de tu vida, mientras que en *Eres un imán para el dinero* nos centramos a fondo exclusivamente en todos los detalles del gran tema que es la manifestación de riqueza.

Abren una vez al año, y te puedes apuntar a las listas de espera aquí:

Manifiéstalo: <www.manifestadorasexpertas.com>.

Eres un imán para el dinero: <www.eresunimanparaeldinero.com>.

Mientras tanto, puedes encontrarme en las redes sociales, principalmente en Instagram: @maite_issa.

¡Estaré más que feliz de saber qué te llevas de este libro y cómo lo usarás para transformar tu vida!

Y si quieres tener un chute más de energía y Manifestación desde ya, nos vemos en mi pódcast *Tu éxito es inevitable, con Maïté Issa*, que puedes escuchar en todas las plataformas dedicadas.

TUS
MANIFESTACIONES